CLASSIQUES JAUNES

Documents

Les Cahiers de Janina

Janina Hescheles

Les Cahiers
de Janina

Édition de Judith Lyon-Caen et Livia Parnes

Traduction d'Agnieszka Żuk

Sous la responsabilité éditoriale
de Catherine Coquio

PARIS
CLASSIQUES GARNIER
2017

Janina Hescheles est née le 2 janvier 1931 à Lvov, en Pologne, aujourd'hui en Ukraine. Son père est assassiné peu après l'entrée des Allemands à Lvov le 30 juin 1941 ; sa mère se suicide durant la liquidation du ghetto en juin 1943. Après plusieurs mois passés dans le camp de travail et d'extermination Janowski, Janina, alors âgée de 12 ans, s'évade grâce au réseau de résistance Żegota. Cachée à Cracovie, elle écrit ses Mémoires, publiés en 1946 par le Centralny Komitet Żydów Polskich. Janina émigre en Israël en 1950 et vit actuellement à Haïfa.

Judith Lyon-Caen a notamment publié *La Lecture et la Vie* (Paris, 2006) et avec Dinah Ribard, *L'Historien et la Littérature* (Paris, 2010). Elle s'intéresse au rapport entre histoire, littérature et témoignage, et en particulier à l'œuvre de Michel Borwicz.

Livia Parnes a assuré l'appareil critique du livre de Samuel Schwarz, *La Découverte des marranes* (Paris, 2015) et a traduit des poèmes de Léa Golberg (*Monsieur Rêve et Cie*, Paris, 2006).

Catherine Coquio est l'auteur de *L'Enfant et le génocide* (Paris, 2007) et dirige, depuis 2011, la collection « Littérature, Histoire, Politique » aux éditions Classiques Garnier.

ISBN 978-2-406-07113-6
ISSN 2417-6400

PRÉFACE

En 2012, le Mémorial de la Shoah à Paris présentait l'exposition « Au cœur du génocide. Les enfants dans la Shoah. 1933-1945[1]. » Au début du parcours, le visiteur pouvait découvrir quelques pages jaunies, écrites en polonais, à l'encre bleue. La notice précisait qu'il s'agissait d'un « extrait des mémoires de Janina Hescheles », écrits en 1943, quelques semaines après l'évasion de l'auteure, une fillette de douze ans, du camp de la rue Janowska à Lvov. Une évasion organisée et coordonnée par un réseau de la résistance polonaise et la branche cracovienne de Żegota, le Conseil clandestin d'aide aux Juifs. Les extraits du manuscrit présenté n'étaient donc pas ceux d'un journal tenu en captivité, mais des souvenirs, écrits à chaud, alors que Janina passait de cachette en cachette à Cracovie. Ces pages provenaient des archives de la Maison des Combattants des ghettos en Israël. C'est là qu'en 1981 Michel Borwicz, « sauveteur » de Janina et « éditeur » de ce récit, avait déposé l'intégralité du manuscrit.

Plus loin dans l'exposition, le visiteur pouvait voir les couvertures de plusieurs recueils de témoignages parus principalement en Pologne dans l'immédiat après-guerre, dont un petit ouvrage intitulé *Les Cahiers de Janina*, édité en polonais en 1946 par la Commission historique juive de Cracovie[2]. Il s'agissait du même récit de ladite Janina. Ce livre, envoyé peu

---

1   Du 31 mai au 30 décembre. Commissaire de l'exposition : Sophie Nagiscarde.
2   Janina Hescheles, *Oczyma dwunastoletniej dziewczyny*, Kraków, Centralny Komitet Żydów Polskich, 1946. Introduction de Maria Hochberg-Mariańska.

après sa parution à Paris au Centre de documentation juive contemporaine (CDJC), aujourd'hui Mémorial de la Shoah, fait dès lors partie de son très riche fonds d'archives. Le visiteur était alors invité à faire le lien entre les deux écrits (manuscrit et version publiée) et surtout à apprécier l'étonnante précocité de la publication des témoignages d'enfants victimes de la « Catastrophe », selon le terme utilisé dans l'immédiat après-guerre dans le monde des survivants.

Quelques années avant cette exposition, des extraits des « mémoires » de Janina Hescheles avaient paru en français dans l'anthologie *L'Enfant et le génocide. Témoignages sur l'enfance pendant la Shoah*, dirigée par Catherine Coquio et Aurélia Kalisky[3]. Depuis, ces « mémoires » ont été publiés en dix langues, dans des éditions proposant, selon les cas, soit un texte conforme à la version éditée de 1946, soit un volume enrichi de comparaisons et de compléments issus du manuscrit de 1943[4]. Arrêtons-nous un instant sur ce tourbillon éditorial.

À l'été 2011, pour la commémoration du soixante-dixième anniversaire des massacres de juin 1941 à Lvov, l'organisation caritative et culturelle juive de la ville, « Hessed Arieh », organisa une exposition sur la vie juive à Lvov à travers les siècles. Parmi les personnalités juives ayant marqué l'histoire de la ville figurait Henryk Hescheles (1886-1941), le père de Janina, rédacteur en chef du journal juif polonais *Chwila* pendant vingt ans (1919-1939). Partis de l'histoire du père, les organisateurs découvrirent celle de sa fille, son sort durant la guerre et enfin la publication polonaise de son récit en 1946. Dans cette ferveur commémorative, deux traductions des mémoires – en russe et en ukrainien – virent le jour la

---

3   Dans la traduction d'Agnieszka Żuk (Paris, Robert Laffont, collection « Bouquins », 2007, p. 331-344).
4   Voir la liste des éditions des « mémoires » de Janina, p. 149.

même année ; la troupe de théâtre de « Hessed Arieh » les adapta même, dans une mise en scène de Vyatcheslav (Slavik) Olkhovsky, et contacta Janina pour l'inviter à la représentation. Janina hésita puis finit par accepter. C'est ainsi qu'elle retourna, pour la première fois depuis la guerre, dans sa ville natale, accompagnée de ses deux fils, Tzvi et Eitan, et de sa petite-fille Einat.

L'année suivante, pour la préparation de l'exposition du Mémorial de la Shoah déjà mentionnée, je rencontrai Janina chez elle en Israël, où elle vit depuis 1950. Plus qu'une rencontre, ce fut le début d'une très belle amitié qui ne cesse de m'inspirer, tant les qualités humaines de cette Janina-*mensch* sont grandes : sensibilité, droiture, engagement politique sans concession, humanisme expansif. Je lui demandai de venir avec moi aux archives de la Maison des Combattants des ghettos pour consulter le manuscrit de ses mémoires. C'est alors que je saisis chez elle une certaine hésitation. Elle me l'expliqua plus tard, en évoquant Otto B. Kraus, qui, dans son livre fondé sur ses mémoires du « block des enfants » dans le camp des familles de Birkenau, raconte que pendant une longue période il ne voulut pas voir ses carnets de souvenirs[5]. Longtemps, à chacune de ses visites à la Maison des Combattants des ghettos, les archivistes Anat Bratman-Elhalel et Noam Rachmilevitch avaient montré à Janina la boîte où avait été conservé son manuscrit, soigneusement restauré, mais, comme Otto Kraus, elle n'avait pas eu le courage de les toucher. Elle l'eut lors de cette visite de 2012. De même, elle répondit favorablement à mon invitation au Mémorial pour témoigner publiquement. C'est de là que date le projet de publier ses mémoires en français.

---

5   Otto B. Kraus, *Le Mur de Lisa Pomnenka*, suivi de Catherine Coquio, *Le Leurre et l'espoir. De Theresienstadt au block des enfants de Birkenau*, Paris, Éditions L'Arachnéen, 2013.

En cette même année 2012, voyant l'intérêt croissant pour le témoignage de Janina, les archives de la Maison des Combattants des ghettos mirent en ligne l'intégralité du manuscrit. Il fut désormais possible de le consulter, voire de le télécharger, de partout dans le monde. Et voici que, par un heureux concours de circonstances, Guillem Calaforra, philologue, chercheur en linguistique à Valencia, en Espagne, entreprit de transcrire le manuscrit numérisé. Son intervention s'avéra décisive pour l'histoire des « mémoires » de Janina.

C'est en 2011, en préparant une conférence sur le fameux poète polonais Czesław Miłosz pour l'année du centenaire de sa naissance, que Calaforra a découvert les écrits de Michel Borwicz. Une référence en particulier, dans le livre de Borwicz tant loué par Miłosz, *Écrits des condamnés à mort sous l'occupation nazie* (publié en France en 1953), attire l'attention de Calaforra : elle est consacrée au témoignage de « Jeannette H. », douze ans, dont « la mémoire fidèle et précise » est hautement soulignée par Borwicz. Calaforra se procure alors l'édition polonaise de 1946. Saisi par la force du texte, il le traduit en catalan. L'année suivante, l'édition catalane voit le jour[6]. Janina est invitée au lancement de cette publication.

Or, Calaforra n'en a pas fini avec ses « découvertes ». Cette fois, ce sont ces pages manuscrites mises en ligne sur le site des archives de la Maison des Combattants des ghettos. Il les transcrit patiemment. Calaforra constate tout d'abord le désordre dans les pages du manuscrit, qui résulte vraisemblablement de la liberté qu'ont prise les éditeurs polonais de « monter » ensemble des passages disjoints dans les cahiers rédigés par Janina, afin de créer un récit linéaire. Il distingue trois types d'écritures – crayon noir, crayon bleu et encre bleue – et s'attache alors à rétablir l'ordre originel de l'écriture.

---

6   Pour toutes les éditions mentionnées, voir la liste p. 149.

Il conclut dès lors que l'intervention des éditeurs dans le texte de Janina ne se résumait pas seulement à quelques corrections d'orthographe et de syntaxe ou suppressions de « répétitions ». Pour Calaforra, c'est la voix même de l'enfant que l'édition de 1946 a transformée en voix d'adulte. En 2013 il publie une deuxième édition catalane des mémoires, ainsi qu'une édition espagnole. Enfin, en 2015, une troisième édition catalane voit le jour, fidèle cette fois au manuscrit de 1943. Les ratures dans le manuscrit figurent elles aussi dans le texte imprimé. C'est à partir de ce long travail, complété lors de mes propres séjours aux archives de la Maison des Combattants des ghettos, que nous avons pu établir la présente édition, qui voit réunis et traduits dans leur intégralité le manuscrit de Janina et la version éditée de son récit.

Le témoignage de Janina Hescheles, écrit alors que la « Catastrophe » de l'extermination des Juifs était encore en train de se dérouler, resurgit au moment où les derniers témoins de la Shoah disparaissent. Pour Janina, les années 2015-2016 sont particulièrement importantes. Soixante-dix ans après la première publication de son témoignage, il « revient » dans les trois pays liés étroitement à sa biographie : la Pologne où elle est née ; Israël où elle vit ; et la France, où habitent ses enfants. En 2015, l'Institut historique juif de Varsovie – l'institution héritière des commissions historiques juives de l'après-guerre – réédite la toute première édition de 1946, précédée d'une importante préface d'Ewa Kozminska-Freilak, d'une postface de Piotr Laskowski, suivie d'un tableau présentant les différences entre l'édition de 1946 et le manuscrit.

Lorsque Janina essaya de publier pour la première fois son texte, c'était dans les années 1950 en Israël où on accueillait difficilement les souvenirs des rescapés. Devenue chercheuse en chimie, et jeune mère, Janina prit une certaine distance avec ce vestige de son enfance tourmentée. Des extraits paraissent néanmoins dans un petit recueil de témoignages dans les années 1960 et elle tira de ses souvenirs une œuvre de fiction, qu'elle signa sous le pseudonyme de Tzvia Eitan, inspiré des prénoms de ses deux enfants : il s'agissait bien d'un premier geste de transmission[7]. C'est Janina elle-même qui a traduit en 2015 son récit en hébreu, sur la base de l'édition de 1946, qu'elle tient pour fondamentale, mais qu'elle a complétée de certains passages du manuscrit. La même année, le texte a été adapté au théâtre[8].

La présente publication en français restitue les cheminements complexes de ce texte en même temps que la voix de la jeune fille de douze ans qui l'a écrit.

Livia PARNES
Janvier 2016

REMERCIEMENTS

Plusieurs personnes ont joué un rôle important dans mon retour virtuel à Lvov, soixante-dix ans après : Ada Dianova, directrice de l'association « Hessed Arieh », à l'origine de la traduction de mes mémoires en russe et en ukrainien ; Guillem Calaforra qui les a traduits en catalan et en espagnol et a effectué un remarquable travail d'analyse sur mon manuscrit.

Je remercie Livia Parnes du Mémorial de la Shoah pour avoir tant œuvré afin que la présente édition française voie le jour, ainsi

---

7   Tzvia Eitan, *Hem od Chayim* (« Ils sont encore en vie »), Tel Aviv, Alef, 1969.
8   *Yanina*, pièce de théâtre adaptée et jouée par Bilha Mass Asherov, 2014.

que Catherine Coquio et Judith Lyon-Caen pour leur participation à cette édition, et Judith Lindenberg, qui les a accompagnées.

Toute ma gratitude à Agnieszka Żuk pour sa méticuleuse traduction, pour sa patience et pour sa persévérance. Un grand merci à Elizabeth (Elżbieta) Krygier et à Michèle Tauber pour leurs traductions de mes poèmes.

Je tiens à remercier Ewa Koźmińska-Frejlak de l'Institut historique juif de Varsovie pour nos nombreuses conversations et pour avoir permis la réédition de mes mémoires soixante-dix ans après leur première publication en polonais.

Je suis reconnaissante à Anat Bratman-Elhalel et Noam Rachmilevitch des archives de la Maison des Combattants des ghettos en Israël pour leur amitié et leur dévouement dans la conservation et la restauration de mes mémoires.

Toutes ces traductions récentes d'un texte qui rappelle les douloureux souvenirs de mon enfance ferment la boucle de ma vie. J'ai la chance aujourd'hui, dans ma vieillesse, de vivre aux côtés de Colman, mon compagnon, qui m'a soutenue et m'a accompagnée à chaque étape de mon existence d'adulte. Je lui en suis reconnaissante, ainsi qu'à mes fils, Eitan et Tzvi, qui sont pour moi une source d'inspiration et d'encouragement.

Janina HESCHELES

LES CAHIERS DE JANINA

Cracovie 1946

LES CAHIERS DE JANINA

[Quel moment merveilleux ça a été[1]! Une nuit, j'ai été réveillée par des baisers. J'ai repoussé grand-père en marmonnant à travers le sommeil : arrête de m'embrasser, je veux dormir! Mais lui a continué à m'embrasser. C'était quand même étrange, d'abord, je n'étais plus habituée à ce qu'on me fasse des câlins, puis grand-père, il ne m'embrassait jamais. Je me suis frotté les yeux. Ce n'était pas grand-père. Mais mon papa n'a jamais été chauve. J'ai commencé à rouspéter. Et si c'était vraiment papa? J'ai repoussé cette idée. Papa, il ne peut venir qu'en rêve. Là, il est loin, loin, en Sibérie. L'homme m'a prise dans ses bras, il m'a serrée contre lui, il m'a embrassée. J'ai ouvert complètement les yeux et j'ai vu un homme déjà vieux, sale, qui portait des haillons. Je l'ai regardé de plus près et j'ai reconnu les traits qui m'étaient si chers, dont le doux souvenir m'avait tant fait pleurer. Maman était là, à côté de nous, toute pâle. Elle nous regardait sans rien dire. Nous n'en croyions pas nos yeux. Papa non plus n'arrivait pas à y croire, qu'il était là dans cette pièce meublée avec le plancher qui brillait, aux côtés de sa femme et de son enfant. La nuit est passée, nous nous taisions, nous n'en revenions toujours pas d'être là, tous ensemble.

J'ai été obligée de me lever à cinq heures, car depuis que nous avions été jetés hors de notre appartement, l'école

---

1   Toute cette partie entre crochets, qui fait allusion à l'occupation soviétique de Lvov, est omise dans l'édition de 1946 (voir notre postface).

polonaise était loin. Le temps de s'habiller, de faire mes nattes, il était déjà cinq heures et demie, et je n'avais plus le temps de prendre mon petit déjeuner. Après avoir embrassé papa nous sommes sorties sur la pointe de pieds pour ne pas réveiller grand-père et grand-mère. Plus d'une fois, papa nous avait raccompagnées au tramway. Mon école et le travail de maman commençaient à sept heures. À midi, j'allais rejoindre maman à l'hôpital. Là-bas, je faisais mes devoirs et je déjeunais. Après, j'allais au théâtre où je prenais des cours de danse classique. Je rentrais à la maison à six heures. Quand je suis rentrée, j'ai trouvé papa couché sur le canapé dans la chambre qui était pleine de fumée de cigarette. Nous avons éteint la lumière, je me suis allongée à côté de lui. À l'époque, maman rentrait à dix heures, parce que, après le travail, elle était obligée de suivre un cours d'histoire du parti. Nous dînions tous ensemble et après nous nous couchions tous les trois sur le lit, et moi, j'étais au milieu. C'était le moment le plus merveilleux de la journée! Après, j'allais sur mon canapé. Avant de trouver le sommeil, papa chantait. La prison l'avait épuisé nerveusement au point qu'il n'arrivait plus à dormir. La nuit, il allait sans cesse du lit de maman à mon canapé, et après retournait à leur lit ; il fumait tout le temps.

Papa n'arrivait pas à trouver de travail. Une fois, il en a trouvé, mais après, dans la rue, il a rencontré Rotfeld[2], et tous les deux ont été mis à la porte sur-le-champ. Il est même parti une fois à Trouskavets[3], mais deux jours plus tard il était déjà de retour. Le dimanche, maman nettoyait l'appartement de fond en comble, pendant ce temps-là papa et moi nous sortions. Nous allions manger des glaces chez Zalewski ou nous nous promenions dans la ville. Nos connaissances avaient

---

2   Abraham Rotfeld, qui dirigera le *Judenrat* de Lvov de novembre 1941 à février 1942. Il apparaît à de nombreuses reprises dans le récit.
3   Une station thermale située à 72 km au sud-ouest de Lvov.

peur de saluer papa, parce qu'il avait été en prison. Les gens
passaient sans dire bonjour. Même la cousine de papa à qui
il avait demandé de nous aider pendant son absence, la première fois qu'elle l'avait vu dans la rue, avait fait comme si
elle ne le connaissait pas. La deuxième fois, elle s'était jetée
à son cou, mais papa l'avait repoussée. Papa n'avait désormais plus que trois amis : Rotfeld, Jolles et Bristiger. Avant
la guerre, le docteur Kurzrok avait plus d'une fois contacté
papa au sujet d'articles. Maintenant qu'il était vice-doyen,
papa voulait lui demander de l'aide pour trouver du travail.
Mais la guerre a éclaté[4].]

I

L'armée russe a commencé à se retirer de Lvov[5]. Maman
a emmené papa de force rue Łyczakowska, chez la femme du
frère de papa, tante W[...][6], pour qu'il y reste un certain temps
jusqu'à ce que tout se calme et se stabilise après l'arrivée des
Allemands. Ma tante n'était pas chez elle. Pendant les bombardements, elle était rue Głowiński avec ses enfants. Papa est
donc resté tout seul à la maison. À l'époque[7], on habitait chez
grand-mère et grand-père au 14, rue Jakub-Herman dans le

---

4   Lorsque la guerre éclate, en septembre 1939, le père de l'auteure, Henryk
    Hescheles, directeur du quotidien *Chwila [Le Moment]*, fuit Lvov. Arrivé à
    Bucarest, il apprend que ce sont les Russes et non pas les Allemands qui
    occupent sa ville et rebrousse chemin. Arrêté à la frontière, il est empri-
    sonné par les Soviétiques, et n'est relâché qu'en mars 1941. Il sera assassiné
    durant le pogrom de l'été 1941, peu après l'invasion allemande de Lvov.
5   Ms. : Les Bolcheviques ont commencé à se retirer. / Les Soviétiques occupent
    Lvov jusqu'en juin 1941.
6   Qui n'était pas juive [N.d.e. 1946].
7   Ms. : depuis que les Russes nous avaient jetés hors de notre appartement.

quartier juif, en face du moulin. Maman travaillait à l'accueil
de l'hôpital qui se trouvait au 54, rue Dwernicki, et, après
le début de la guerre, comme infirmière. Elle était contente
de ne pas avoir à se faire de soucis pour papa. Elle pouvait
aller à l'hôpital. Moi, elle m'envoyait avec madame Jadzia
Piotrowska rue Fredro, chez tante Reis, une cousine de papa.

Les Allemands sont arrivés lundi. Maman est allée à
l'hôpital, mais elle se faisait du souci pour grand-père et
grand-mère qui étaient restés tout seuls à la maison. [Ça ne
plaisait pas à grand-mère parce qu'il n'y avait personne pour
aller faire des courses.] La journée du lundi est passée sans
que madame Jadzia Piotrowska vienne me chercher. Mardi,
à quatre heures et demie du matin, nous étions encore au
lit quand quelqu'un a frappé à la porte. J'ai cru que c'était
madame Piotrowska, mais c'était papa. Il avait apporté du
saindoux et un petit pain de chez ma tante. Il m'a dit de
m'habiller et nous sommes sortis regarder Lvov après les
bombardements. C'était difficile de reconnaître la ville. Des
drapeaux jaune et bleu flottaient aux entrées des immeubles[8].
Les rideaux des magasins étaient cassés, et les magasins pillés.
[Rue Zamarstynowska, ça puait les prisonniers assassinés par
les Russes à la prison Brygidki[9].] Dans la rue, des voitures

---

8   Les drapeaux ukrainiens : pendant quelques jours avant l'entrée des
    troupes nazies, un gouvernement ukrainien nationaliste indépendant tenta
    de s'installer à Lvov. Le pogrom décrit par Janina fut l'effet de l'action
    conjointe des milices ukrainiennes et des nazis. Voir John-Paul Himka,
    « The Lviv pogrom of 1941 », *Canadian Slavonic Papers*, vol. LIII, n°s 2-3-4,
    juin-septembre-décembre 2011, p. 209-243.
9   Brygidki : une des trois prisons de Lvov où, avant le retrait de l'armée
    soviétique, le NKVD mit le feu et massacra plusieurs milliers de prisonniers.
    Janina confond ici deux prisons, Brygidki, rue Kazmierzowska, et celle
    de la rue Zamarstynowska. La troisième se situait rue Lonstkoho. Après
    l'entrée des Allemands, on obligea la population juive à retirer les cadavres
    en décomposition des cellules de la prison et à les nettoyer. Les Juifs furent
    ensuite fusillés. Voir fig. 5, p. 136.

et des motos passaient, décorées avec des fleurs. Nous avons traversé la ville. Nous nous sommes arrêtés rue Batory, chez Adolf Rotfeld, un copain de papa. C'était à l'*oupravdom*[10]. Monsieur Rotfeld en était le chef. Papa a commencé à se disputer avec lui. Il lui a dit qu'il fallait brûler tous les registres pour que les Allemands aient du mal à savoir qui avait un poste radio. Par conséquent, monsieur Rotfeld est allé rendre sa radio, et papa est allé à la réunion du *kahal*[11], chez le rabbin Lewin[12]. Monsieur Rotfeld a conseillé à papa de ne pas y aller. Papa marchait avec moi pendant que monsieur Rotfeld trimbalait sa radio avec un employé. Dans la rue, il y avait plein d'Ukrainiens avec des bâtons et des barres de fer dans les mains et, au loin, on entendait des cris. Au coin de la rue Legiony, papa a rencontré une dame qu'il connaissait et il s'est arrêté pour discuter avec elle, tandis que monsieur Rotfeld a continué son chemin. Après un petit moment, l'employé qui était avec monsieur Rotfeld est revenu. Il a dit quelques mots en allemand à papa, et nous avons fait demi-tour en passant par la rue Sykstuska. J'ai vu sur son visage qu'il était troublé, je lui ai demandé pourquoi, mais il n'a pas voulu me dire.

Devant la poste, il y avait des gens avec des pelles, les Ukrainiens les frappaient et criaient : « *Jude ! Jude !* » Papa a encore fait demi-tour, et il est allé rue Mickiewicz pour rendre visite à un copain, le docteur Jolles. Ils m'ont fait asseoir dans un fauteuil et ils m'ont donné des bonbons et des livres pendant qu'ils parlaient dans un coin à voix basse. Ces secrets me surprenaient beaucoup. Par la fenêtre, on entendait des cris. D'un seul coup, papa s'est levé, a regardé sa montre et

---

10 Ainsi appelait-on à Lvov l'administration des immeubles (abrégé du nom ukrainien) [N.d.e. 1946].

11 *Kahal :* la direction de la communauté juive.

12 Ezechiel Lewin, Grand Rabbin de Lvov.

après nous sommes sortis. Dans l'entrée de l'immeuble, il y avait madame Niunia Blaustein. Elle s'est jetée sur papa en le priant de faire demi-tour. Elle lui a raconté qu'elle s'était fait arrêter par les Ukrainiens, mais elle leur avait dit qu'elle revenait de l'église et c'est comme ça qu'ils l'avaient laissée partir. Papa m'a embrassé et m'a dit : « Jania[13], ma chérie, t'as déjà dix ans, il faut que tu sois autonome. Ne prends pas exemple sur les autres[14] [tu vois bien, ma propre cousine ne me reconnaît plus][15], sois toujours courageuse. » Il m'a embrassée et a voulu partir. J'ai commencé à comprendre et j'ai fait une grimace comme pour pleurer, mais papa m'a dit : « Si tu m'aimes, vas-y et sois courageuse. Il ne faut jamais pleurer. Pleurer n'est qu'une humiliation dans le malheur, comme dans le bonheur. Vas-y, rentre à la maison et laisse-moi seul maintenant. »

J'ai embrassé papa une dernière fois et je suis sortie. Au coin de la rue, je me suis retournée et je l'ai vu devant l'entrée qui me suivait des yeux et m'envoyait un baiser de la main. Je suis passée près de la rue Kołłątaj, là où papa devait aller à sa réunion. Il y avait plein de jeunes garçons qui frappaient des Juifs avec des balais, des raquettes pour les tapis et des pierres. Ils les emmenaient rue Kazimierzowska à Brygidki. J'ai couru vite, puis j'ai tourné dans la rue Legiony. Là aussi, à Planty, on frappait les gens. J'ai voulu retourner rue Zamarstynowska, mais on y arrêtait les gens pour laver les cadavres à Brygidki. J'ai traversé la cour de l'école où j'ai vu des garçons de six ans qui arrachaient les cheveux à des femmes et la barbe à des vieillards. Des cris et des pleurs de

---

13 Jania : diminutif affectueux du prénom Janina.
14 Ms. : Ne regarde pas les autres.
15 Cette phrase fait allusion à l'épisode évoqué au début du texte, dans le passage qui n'avait pas été publié en 1946. Il est donc normal que les éditeurs de 1946 l'aient aussi supprimée.

plus en plus forts. J'ai fermé les yeux, je me suis bouché les oreilles et j'ai couru à la maison, le plus vite que je le pouvais. Dans notre immeuble, les gens étaient inquiets. Personne n'osait sortir dans la rue. Soudain, des Ukrainiens sont arrivés dans l'immeuble. Ils ont traîné les gens dehors sous prétexte qu'ils les emmenaient au travail. Grand-mère était malade. Elle a enfermé grand-père et un voisin dans une pièce et elle a bouché l'entrée avec une armoire. Une des voisines, madame Biber, s'est enfermée et s'est cachée, en laissant ses enfants à ses voisines[16]. On a laissé les femmes et les enfants. On a obligé les autres à sortir. Ils sont rentrés le soir couverts de sang. On leur avait pris tout ce qu'ils avaient sur eux.

Il était déjà six heures du soir et madame Piotrowska n'arrivait toujours pas, papa non plus. Je croyais qu'il était chez tante W[...]. Les cris n'arrêtaient pas. Grand-mère a préparé mon lit, mais moi, je me suis assise en robe sur le canapé et j'ai dormi comme ça. Le matin, quelqu'un a frappé à la porte. Je me suis réjouie en croyant que c'était papa, mais c'était notre voisin Wurzel. Il nous a averties que, rue Zamarstynowska, les plaisanteries recommençaient.

Une heure plus tard, quelqu'un a de nouveau frappé à la porte. C'était madame Piotrowska. Au lieu de lundi, elle était venue mercredi, quand le pogrom était fini. Elle m'a emmenée chez tante Marysia[17] qui était déjà rentrée avec les enfants de la rue Głowiński. Elle avait deux filles blondes, l'une de dix ans, l'autre de neuf ans. Maman est venue dans l'après-midi. Quand elle a su que papa n'était pas là, elle a couru chez Rotfeld. Elle l'a trouvé aveugle, les côtes cassées, mais n'a rien appris. Elle est allée chez les Lewin, mais il n'y avait que madame Lewin. Son mari n'était pas là non plus. Madame Lewin a dit que son mari était allé chez Szeptycki

---

16 Ms. : à ses deux voisines.
17 Il s'agit toujours de la tante W.

et qu'il n'était pas rentré. Szeptycki était le commandant des Ukrainiens[18]. Monsieur Rotfeld, quand il s'est senti un peu mieux, il a dit à maman que papa n'était pas avec lui quand on l'avait battu ainsi rue Łącki. Les amis disaient qu'il n'était pas non plus rue Pełczyńska, ni rue Zamarstynowska. Maman a appris que rue Kazimierzowska, à Brygidki, on avait fusillé deux cents personnes. Il y en a qui disaient qu'ils avaient vu papa rentrer avec Lewin de chez Szeptycki, d'autres que Lewin avait été tué dans une entrée d'immeuble, et d'autres qu'ils avaient vu le cadavre de Lewin à Brygidki, mais il n'y avait rien de sûr.

Au bout d'une semaine, je suis rentrée chez ma tante. Une « contribution » de vingt millions de roubles[19] à payer en deux fois en l'espace de deux semaines a été imposée aux Juifs. On s'est mis à réunir le *kahal*. Il se composait de Parnas qui était le président, Rotfeld, le vice-président, et il y avait sept *Judenrat*[20]. On a ordonné aux Juifs à partir de quatorze ans de porter des brassards. Maman a été renvoyée de l'hôpital rue

---

18   La jeune auteure répète un mot entendu quelque part. Szeptycki était l'archevêque de l'église grecque catholique [N.d.e. 1946]. En réalité, le rabbin Lewin semble avoir demandé l'intervention du métropolite, qui avait accueilli favorablement l'entrée des Allemands à Lvov, soutenait le gouvernement nationaliste ukrainien, mais était hostile au massacre des Juifs. L'épisode rapporté par Janina est corroboré, notamment, par le témoignage du fils du rabbin Lewin, Kurt I. Lewin (cité par John-Paul Himka, « Metropolitan Andrey Sheptytsky and the Holocaust », *Polin. Studies in Polish Jewry*, vol. 26, 2014, p. 340).

19   Dans le manuscrit, quatre-vingt mille roubles, barré et corrigé.

20   *Judenrat*, Conseil juif : corps administratif constitué dans le ghetto sous l'ordre des autorités nazies. Par extension, le terme désigne aussi les membres de ces conseils. Janina emploie indifféremment le terme *kahal*, qui désigne l'administration de la communauté en hébreu, et le terme allemand, *Judenrat*. Les conseils juifs jouaient un rôle ambigu : ils étaient contraints de mettre en œuvre la politique nazie, tout en représentant et en tentant de protéger la population. Josef Parnas, dont il est ici question, est exécuté en octobre 1941 pour avoir refusé de livrer aux nazis des Juifs destinés au travail forcé au camp Janowski, voir p. 28-29.

Dwernicki. Il fallait maintenant qu'elle fasse attention pour ne pas se faire arrêter. Quand c'était calme, nous allions chez oncle Jerzy Blumenthal, le frère de maman. Tante Sala nous préparait des pommes de terre avec des légumes parce que là-bas, près de chez elle, il était plus facile d'en trouver. J'y allais avec ma cousine Klara, une fille de seize ans. Parfois elle enlevait son brassard et nous faisions la queue pour acheter du poisson. Klara venait chez nous chaque semaine avec son frère Gustaw et son père. Sa mère était morte avant la guerre. Gustaw avait alors douze ans. Il aimait énormément sa mère, et depuis sa mort, il était tombé malade des nerfs.

Un jour, le matin du jeudi vingt-six juillet, [c'était calme,] maman a voulu qu'on aille chez oncle Jerzy. Nous sommes sorties dans la rue. Devant la porte de l'immeuble gisait un homme en sang, il gémissait et il était sans chaussures. Soudain, deux jeunes hommes qui portaient des brassards jaune et bleu sont venus vers nous. « Vous, Madame, vous allez au travail ! Et toi, tu rentres chez toi ! » Je suis rentrée et maman est allée récurer le sol à l'école Sobieski. J'étais triste parce que maman allait avoir faim en rentrant et, à la maison, il n'y avait rien à manger, mais maman est rentrée une heure plus tard. Le lendemain ce n'était pas calme non plus. Les gens se faisaient arrêter partout. Le soir, quelqu'un a frappé à la porte. Grand-mère a ouvert. C'était notre voisin qui portait Gustaw évanoui. Son visage était violet et tout enflé. On l'a couché, déshabillé et on lui a fait reprendre ses esprits. Son épaule saignait et son corps était bleu tellement on l'avait frappé. Quand il s'est senti un peu mieux, il nous a raconté que, quand il était rentré du *kahal* (il y travaillait en tant que coursier), les Ukrainiens s'en étaient pris à lui, et l'avaient emmené avec d'autres personnes à la prison, rue Łącki. C'est là qu'ils l'avaient battu comme ça. Après, il s'était sauvé.

Samedi, il y a eu une rafle aussi. C'était à l'occasion de la mort de Petlioura assassiné par un Juif à Trouskavets[21]. Dimanche a été calme. Je suis allée me renseigner sur Klara et oncle Mundek. Ils étaient sains et saufs. Je suis allée rue Staszic. Tante Sala pleurait. Vendredi, ils étaient rentrés chez les gens, rue Staszic. Ils avaient emmené l'oncle. J'ai consolé tante Sala en lui disant qu'il allait rentrer dans quelques jours. Je suis rentrée triste. Je n'ai rien dit aux grands-parents. Maman est allée rue Łącki et a appris qu'on avait déporté tout le monde. Quelques jours sont passés, l'oncle n'est pas rentré. [Grand-père l'a su. Gustaw s'était remis de ses blessures mais il était désormais très tête en l'air. Au *kahal*, on a voulu le renvoyer parce qu'il avait perdu des dossiers.]

Maman a appris que Kurzrok[22] ouvrait un hôpital juif. [De la même manière que papa sous les Russes], elle est allée le voir et est devenue la première employée, la directrice, de cet hôpital, rue des Alembek[23]. Chaque jour, j'accompagnais maman au travail, et chaque jour, j'allais la chercher à la sortie. Cet hôpital se trouvait dans une ancienne école. Les lits venaient d'une prison brûlée.

21　L'auteure a dû mal comprendre. Petlioura a été assassiné à Paris et non pas à Trouskavets. À cette « occasion », on organisa effectivement un pogrom pendant les premières semaines de l'occupation allemande. On sait que Petlioura est mort en mai 1926. Pour leur propagande officieuse, les organisateurs du pogrom ont décalé la date de cet anniversaire afin d'avoir un prétexte pour agir [N.d.e. 1946]. Plus de deux mille Juifs furent capturés par la milice ukrainienne durant ces « jours de Petlioura », du 25 au 27 juillet 1941.

22　En charge des hôpitaux juifs dans le ghetto puis dans le camp Janowski, le docteur Maksymilian Kurzrok fut finalement liquidé par les nazis. Voir l'épilogue rédigé par Janina Hescheles.

23　Au début de l'occupation allemande, les nazis exproprièrent l'hôpital juif de la rue Rappaport. Trois petits hôpitaux juifs furent ouverts aux limites du ghetto, rue des Alambek et rue Kusiewicz dans d'anciennes écoles, et rue Zamarstynowska pour les malades contagieux, ainsi que le mentionne Janina un peu plus loin.

Un jour, un monsieur est venu chez nous et a dit qu'il avait des nouvelles de papa. J'ai voulu courir à l'hôpital, mais ce monsieur (c'était P[oskrzyński], le professeur au collège) a dit qu'il allait attendre chez madame Lewin, rue Kołłątaj. J'ai couru le plus vite que j'ai pu chercher maman et nous y sommes allées toutes les deux. On l'a trouvé en train de boire de la vodka avec un Juif que je ne connaissais pas. C'était un homme de grande taille, maigre, avec une moustache et des cheveux noirs. Ils ont donné à boire à maman, mais elle voulait rester sobre et vidait son verre par terre en cachette. Monsieur P[oskrzyński] a dit à maman – il le tenait de Szeptycki –, que si maman et madame Lewin déposaient trois mille dollars, elles auraient les signatures de leurs maris. Madame Lewin a accepté tout de suite et, une semaine plus tard, on lui a apporté un paquet de cigarettes vide avec la signature de son mari. Maman est allée demander conseil à Rotfeld, mais Rotfeld lui a dit : « Si votre mari est à Lvov, à la Gestapo, il reviendra. Le *kahal* et nos gens peuvent le racheter. Mais il n'est pas à Lvov. Lewin est mort, j'en ai la certitude. » Maman a demandé si elle pouvait demander que papa écrive mon petit nom. Ils n'auraient pas pu le falsifier, ils ne le connaissaient pas. Et elle leur a demandé cela. La réponse devait arriver une semaine plus tard. Un mois a passé sans qu'elle arrive. À cette époque-là, Kurzrok était en train d'ouvrir un autre hôpital, au 5 de la rue Kusiewicz, juste à côté de chez nous. C'était trop dur pour maman d'être chef et elle s'est mise à travailler comme secrétaire. C'est monsieur Labiner qui l'a remplacée. Maman avait encore un frère qui habitait à Niemirów, pas loin de Rawa Ruska[24]. Il avait deux filles. L'aînée avait quatorze ans et elle s'appelait Lusia, la cadette, Roma, avait huit ans. Cet oncle-là était dentiste.

---

24   À une cinquantaine de kilomètres au nord-ouest de Lvov. Voir p. 34.

Toutes les semaines, il nous envoyait un colis. La ville est devenue plus calme. Il y avait maintenant des tramways avec écrit dessus « *Nur für Juden*[25] », et une milice juive. Maman voulait que je continue à étudier, j'allais donc en cours trois fois par semaine. On était plusieurs : Cesia Kolin, Alma Zelermajer, Alma Jolles, Kuba Liebes et moi. Le lieu où se tenaient les cours changeait toutes les deux semaines. C'est mademoiselle Wasserman qui était notre professeure.

Le père de Cesia Kolin travaillait à la construction de baraquements rue Janowska. Un jour, après le travail, on ne l'a pas laissé partir, on l'a enfermé. Il a dormi avec d'autres gens dans les baraquements qu'il était en train de construire. On leur a dit d'enlever leurs brassards et on leur a fait porter devant un bout de tissu jaune[26]. Cesia pleurait. Chaque jour, elle portait des colis à son père. Elle a arrêté de venir en cours.

Un jour, ils ont accroché un écriteau « *Zwangsarbeitslager*[27] » sur la porte d'entrée des baraquements. Maintenant, on raflait des hommes pour aller dans le camp. C'était très dur. Là-bas, on frappait sans pitié. Les gens du camp ressemblaient à des morts vivants, à des squelettes qui bougent. L'hiver approchait. Rue Zamarstynowska, Kurzrok a organisé un hôpital pour soigner les prisonniers du camp qui avaient des maladies contagieuses. L'hôpital qui était rue des Alembek a été transféré rue Kusiewicz. Maman était maintenant à quelques pas du travail.

---

25 *Nur für Juden :* seulement pour les Juifs.
26 Les Juifs employés à la construction des baraquements du camp furent enfermés au mois d'octobre 1941.
27 *Zwangsarbeitslager :* camp de travail obligatoire. Le panneau fut apposé le 1er novembre et portait précisément cette mention : « *Der SS und Polizei Führer im Distrikt Galizien / Zwangsarbeistlager im Lemberg* » (Elihayu Jones, *op. cit.*, p. 185).

II

Les « actions » pour arrêter les vieux ont commencé. Maman a amené grand-père et grand-mère à l'hôpital, mais ils y souffraient du froid. On a commencé à jeter les gens hors de leurs appartements[28]. Tante Sala a été chassée de chez elle. Elle habitait maintenant avec nous. Elle a apporté du charbon et on a eu chaud. Parnas, le président du *kahal*, a été arrêté. Il a été emmené rue Pełczyńska et on l'a fusillé. Désormais c'est Rotfeld qui est devenu le président et Landesberg, le vice-président. Sous le pont, rue Zamarstynowska, on ne laissait pas passer les Juifs. Il fallait passer sous le pont rue Pełtewna. Là, il y avait des *Schupo*[29] et si quelqu'un ne leur plaisait pas, ils l'arrêtaient, c'est pourquoi on l'appelait « *Todbrücke* » (le pont de la Mort).

Alma Zelermajer habitait en face de chez moi [au 15, rue Jakub-Herman]. Il n'y avait maintenant plus qu'elle et moi qui allions en cours. Mademoiselle Wasserman avait une sœur qui travaillait à l'hôpital et qui lui prêtait son brassard « *Sanitätspersonel*[30] » pour qu'elle puisse venir nous voir. Il gelait déjà très fort. Le dimanche était le jour de repos de maman, mais, avec d'autres employées, elle devait déblayer la neige dans la ville. Kurzrok et Labiner marchaient devant. La femme de Labiner, qui était très jolie, y allait aussi. Si on n'y

---

28 En octobre 1941, les autorités nazies annoncèrent la formation d'un ghetto au nord-ouest de la ville, de part et d'autre de la voie de chemin de fer. Du 16 novembre au 15 décembre, tous les Juifs durent y transférer leur résidence. Le seul point de passage sous la voie de chemin de fer entre le nord et le sud du ghetto, ainsi que l'explique Janina, se situait rue Pełtewna.

29 *Schupo* : abréviation du mot *Schutzpolizei*, police allemande chargée du maintien de l'ordre.

30 *Sanitätspersonel* : personnel sanitaire.

allait pas, on était renvoyé du travail. Oncle Mundek a eu les jambes gelées et Gustaw les mains, au deuxième degré. Il a été dispensé de neige… [Jakub Hirsch, un cousin de maman, a été lui aussi chassé de son appartement. Comme dimanche il n'est pas allé au travail parce qu'il faisait ses bagages, il a été renvoyé. Et comme si ce n'était pas assez, on a cambriolé son appartement pendant qu'il en cherchait un nouveau. Il ne lui restait plus que ce qu'il avait sur lui mais il a réussi à se faire embaucher au lavage des bouteilles à *Rohstoff*[31]. Après, il a donné un pot-de-vin et il est devenu chef.]

Un nouvel arrêté ordonnait aux enfants de plus de dix ans de porter un brassard.

Le jour de Noël est arrivé. Tante Marysia m'a invitée pour le réveillon. Je suis allée chez elle sans brassard pour ne pas lui attirer d'ennuis. J'ai mangé et me suis amusée chez elle comme jamais. Je suis rentrée à la maison le 2 janvier, le jour de mon anniversaire. J'avais onze ans. Tante Sala a fait un gâteau pour moi, oncle Leon m'a envoyé des livres de Niemirów et maman m'a acheté une tablette de chocolat. Puis, le 11 janvier, c'était l'anniversaire de maman. Sala a fait un grand gâteau. Je l'ai porté au lit de maman en pyjama blanc et en tablier blanc et j'ai dansé *Le Petit Cuisinier*, le gâteau dans les mains. Maman est tombée malade et on l'a dispensée de neige. On a expulsé oncle Mundek avec Gustaw, Klara [et avec sa deuxième femme – Rena Blumenthal]. Tout ce monde est venu chez nous et on s'est partagé l'appartement de sorte qu'ils ont habité avec grand-mère et grand-père dans une des pièces et dans la cuisine, tandis que moi, maman, tante Sala et oncle Hirsch, on habitait dans l'autre chambre, celle avec une alcôve. On avait un petit réchaud en métal sur lequel

---

31 Il s'agit d'un travail dans le recyclage industriel des ordures, qui donnait droit à une carte portant la lette « R ». Voir p. 32, et Elihayu Jones, *op. cit.*, p. 150.

tante Sala cuisinait pour nous. Maintenant, c'était un vrai bazar à la maison, on était les uns sur les autres. Il n'y avait pas assez de place pour nos affaires alors on les a descendues à la cave. Gustaw détestait la deuxième femme de son père et parfois il se battait avec elle. Rena ne voulait pas cuisiner pour lui. Il faut reconnaître que personne ne voulait garder ce pauvre garçon fou parce qu'on avait peur. Un jour, il a pris les robes de sa sœur et les a vendues. Sa sœur le comprenait, elle ne lui a rien dit. Quand Rena n'était pas là, il venait chez nous et mangeait chez nous. Sa sœur lui donnait à manger en cachette. Parfois, il avait une crise, il se mettait à crier, se tapait dessus, mais il n'y avait rien à faire pour l'empêcher. Il n'y avait pas de Kulparków [32] pour Juifs, et si on l'avait déclaré en tant que malade, ils l'auraient fusillé. Après la crise, il nous demandait pardon.

À ce moment-là, les « réductions » ont commencé, puis les « actions [33] ». On regroupait les gens dans l'école près de Podzamcze [34], puis on les envoyait à Bełżec. La « réduction » se déroulait de la façon suivante : chacun devait avoir sa *Meldekarte* distribuée par l'*Arbeitsamt* [35]. Chaque personne

---

32 Kulparków – hôpital psychiatrique près de Lvov [N.d.e. 1946].

33 En mars 1942.

34 Ms. : On regroupait les gens à l'école Sobieski et, après, de la gare de Lvov-Podzamcze ils partaient directement à Bełżec. L'école Sobieski se trouve au coin de la rue du même nom et de la rue Zamarstynowka, au sud de la ligne de chemin de fer. Voir fig. 5, p. 136. Selon d'autres témoignages repris par les historiens, les Juifs rassemblés dans l'école Sobieski furent conduits à la gare de Kleparów, à l'ouest de la ville, pour être déportés à Bełżec (Elihayu Jones, *op. cit.*, p. 164, et Robert Kuwalek, *Belzec, le premier centre de mise à mort*, traduit du polonais par Alexandre Dayet, Paris, Calmann-Lévy, 2013, p. 59).

35 L'*Arbeitsamt* – bureau du travail, en allemand – délivrait une carte, *Meldekarte*, à tous ceux qui pouvaient prouver être employés par une institution utile aux Allemands, créant ainsi une nouvelle hiérarchie entre les Juifs. Ces employés « privilégiés » (momentanément et illusoirement) pouvaient avoir une « domestique » à leur service, ce qui permettait, comme on le voit ici,

employée pouvait avoir quelqu'un pour lui faire la cuisine et à qui on délivrait une *Haushalt*[36] et un brassard avec la lettre « A » et le numéro de la *Meldekarte*. La personne qui n'en avait pas ou à qui on n'en avait pas donné, était déportée. Oncle Hirsch a réussi à acheter pour grand-père un poste à *Rohstoff*[37]. Ainsi, grand-père a eu son brassard et sa *Meldekarte*. Grand-mère avait une *Haushalt* par maman et par grand-père, Klara en avait une par Gustaw, par son père et par Rena, et tante Sala par oncle Hirsch. Rotfeld, le président du *kahal*, est tombé malade et il est mort. Landesberg l'a remplacé. Maintenant, chaque semaine un journal juif paraissait[38]. Il y avait aussi une prison pour les Juifs d'où on allait au camp.

Le printemps, puis l'été 1942[39] sont arrivés. J'étudiais avec Alma. Nous sommes devenues amies. J'avais aussi une autre amie, Stenia Wildman. Toutes les trois, nous faisions de longues promenades jusqu'à Hołosek[40] et, toutes les trois, nous mettions de côté le pain que nos parents nous donnaient pour le petit déjeuner. Nous le donnions aux prisonniers qui cassaient les pierres tombales au cimetière juif[41]. Une fois, nous nous sommes fait embêter par un *Askar*[42] qui nous avait

---

de protéger, tout aussi momentanément, d'autres membres de la famille. Ceux qui n'avaient pas de carte étaient assignés aux brigades de travail forcé. Toutes ces cartes faisaient l'objet d'un trafic.

36 *Haushalt* : ménage, en allemand ; ici, attestation délivrée aux femmes s'occupant de l'entretien de la maison d'un employé juif. Voir note précédente.

37 La *Rohstoffsammler*, une entreprise installée par un industriel berlinois, Viktor Kremin, avait le monopole dans toute la Galicie orientale de la récupération et du traitement des déchets. Les employés affectés au ramassage et à la collecte recevaient une carte marquée « R ». Voir Elihayu Jones, *op. cit.*, p. 150.

38 Le journal paraissait à Cracovie d'où il était acheminé à Lvov [N.d.e. 1946].

39 La précision de l'année est un ajout de l'édition de 1946.

40 Au nord-ouest du ghetto. Voir fig. 4, p. 135.

41 Les détenus du camp Janowski, tout proche du cimetière.

42 *Askar – Ascari* ou *Askari* au pluriel – nom méprisant donné par les Allemands aux supplétifs ukrainiens ou russes, souvent anciens prisonniers de guerre soviétiques passés du côté des Allemands.

vues avec le pain, et qui voulait nous emmener au camp, parce que c'était interdit. Stenia avait aussi apporté du tabac pour les prisonniers et elle l'a donné à l'*Askar* qui nous a laissées partir. Après, les colis ont transité par le *kahal*.

Un jour maman a reçu une convocation à la Croix Rouge. J'y suis allée avec elle. Nous avons reçu un colis de Suisse, puis un autre du Portugal. Les sardines, le lait condensé et les figues ne nous ont pas réjouies autant que le fait que quelqu'un ait pensé à nous. Il n'y avait pas de nom d'expéditeur.

Un jour maman est tombée malade, elle s'étouffait. Il était onze heures du soir. Il était interdit aux Juifs de sortir, mais j'ai quand même couru à l'hôpital. Il s'est avéré que le médecin de garde était en train de boire avec Kurzrok. Je suis rentrée sans lui. Le matin, j'ai voulu passer le thermomètre à maman et je l'ai cassé. Maman s'est mise à en chercher un autre dans ma table de nuit, mais au lieu d'un thermomètre, elle a trouvé du pain. Je me suis fait gronder très fort. Cela a beaucoup attristé maman. À partir de ce moment-là, je n'ai plus jamais porté de pain aux prisonniers.

Il y a eu une nouvelle « contribution » pour les Juifs : sept millions en cinq jours. Il fallait que maman fasse la collecte jour et nuit. Certains se faisaient du souci parce qu'il fallait payer, d'autres se réjouissaient en se disant qu'en échange on les laisserait en paix. Deux jours après le début de la collecte, nous avons reçu une dépêche du *Judenrat* de Niemirów comme quoi le frère de maman[43], Leon Blumenthal, sa femme et ses enfants, avaient été envoyés à Bełzec[44]. Maman a compris qu'il fallait leur sauver la vie et elle a téléphoné au *Judenrat*[45].

---

43   « Frère de maman » (ajout de l'édition de 1946).

44   Le nom de Bełzec n'était probablement pas mentionné dans la dépêche. L'auteure a dû faire le rapprochement plus tard quand le camp devint plus connu [N.d.e. 1946].

45   Ms. : Maman a compris tout de suite et elle a téléphoné là-bas.

Une « action » avait eu lieu là-bas[46]. Grand-mère s'est mise à pleurer. Maman s'est rendue à la *Gesundheitskammer*[47], chez son ami Blaustein (le directeur), qui a promis de demander au directeur allemand. Le directeur allemand a téléphoné à Rawa Ruska où on lui a dit qu'on n'avait pas besoin d'un dentiste juif[48].

Samedi, la « contribution » a été déposée. Lundi, à cinq heures du matin, on a entendu le bruit d'une fusillade. Maman s'est levée d'un bond et a réveillé tout le monde. Oncle Hirsch est allé au travail peu de temps après. Moi, grand-père et grand-mère nous sommes allés à l'hôpital, Gustaw au *kahal*, Rena à l'usine Schwarz[49], oncle Mundek a trop traîné et il a fini par rester à la maison avec Klara et Sala.

« L'action » a commencé[50]. Les *Schupo*, les SS et la milice ukrainienne allaient d'immeuble en immeuble. Même à l'hôpital, on entendait des cris et des pleurs qui venaient de la rue. Les gens dont les proches venaient d'être raflés venaient voir Kurzrok, et lui partait les sauver. À son retour, il a dit que l'*Arbeitsamt* avait été dissous et que les *SS-Polizei* allaient maintenant être les chefs des Juifs. Il fallait que tous les employés se fassent tamponner leurs *Meldekarten* de nouveau. L'employé sans carte tamponnée irait à la « réduction ». Les

---

46   Il s'agit de l'« action » des derniers jours de juillet 1942, qui conduisit à Bełżec plus de deux mille Juifs de Rawa Ruska, située à vingt kilomètres au sud-est de Bełżec, et des bourgades environnantes, comme Niemirów.

47   *Gesundheitskammer* – Chambre médicale (allemand) – organisation réunissant les représentants des professions de santé sous l'occupation allemande.

48   À l'été 1942, les Allemands avaient constitué un ghetto fermé à Rawa Ruska.

49   L'usine Schwarz était située rue Saint-Martin [N.d.e. 1946]. Les ateliers de couture de l'usine Schwarz servaient essentiellement à la récupération des vêtements des Juifs déportés ou morts, qui étaient lavés et ravaudés avant d'être envoyés à des institutions charitables allemandes pour le « secours d'hiver » (Elihayu Jones, *op. cit.*, p. 150).

50   Il s'agit de la « grande action » d'août 1942. Notons qu'elle est quasi contemporaine de la « grande action » de liquidation du ghetto de Varsovie, qui dura du 22 juillet au 21 septembre 1942.

Haushalten seraient tamponnées à l'hôpital avec les tampons de l'hôpital. Dans l'après-midi, les *Meldekarten* ont été rendues. Le secrétariat de l'hôpital livrait des attestations. Grand-père a donné sa *Meldekarte* à oncle [Mundek] tandis que maman a falsifié pour lui une attestation de l'hôpital que monsieur Labiner a signée. L'oncle est rentré le soir avec sa carte tamponnée, mais pas celle de grand-père. Il a dit que ça coûtait cinq mille de la faire tamponner. Maman a accepté sans hésiter. La nuit est venue. Nous dormions au secrétariat sur des bureaux et des chaises. Grand-mère et grand-père dormaient au dispensaire. Le lendemain, les camions sont arrivés devant l'hôpital. Maman a enlevé sa blouse et l'a fait porter à grand-père. Elle n'en avait plus d'autre pour grand-mère. Mais grand-père lui a passé celle de maman. D'un seul coup, les médecins sont arrivés au dispensaire, ils criaient : « Sauvez-vous, partez d'ici ! Nous ne pouvons rien pour vous ! » Et grand-mère a couru avec grand-père jusqu'à l'escalier, mais grand-père sans blouse a fait demi-tour. Il a écrit quelques mots sur un bout de papier, a pris son portefeuille et a donné le tout au docteur Mehrer pour qu'il le donne ensuite à maman[51]. Grand-mère est descendue au dépôt[52] où il y avait tout et n'importe quoi. On lui a donné du fil et une aiguille et elle a fait semblant de recoudre un matelas. [Entre-temps maman a emprunté une autre blouse et l'a fait porter à grand-mère]. Soudain, les Allemands sont entrés au secrétariat. Ils ont crié : « *Aus !* » et ils se sont mis à regarder tout le monde. Ils m'ont repérée moi et une autre petite fille[53]. [J'étais à côté de maman qui était la seule sans blouse.] Un Allemand a crié : « *Komm*[54] ! » et il m'a frappée

---

51 Ms. : à sa fille.
52 Ms. : a descendu l'escalier en courant jusqu'au dépôt.
53 Ms. : Hela Gangiel.
54 *Komm* : « Viens ici ».

avec une prothèse en bois. Maman a dit : « *Das ist mein Kind*[55] », mais il ne voulait pas croire que maman travaillait là et on est sortis. Près du camion, il y avait des employés qui faisaient descendre des malades et l'un d'eux a dit en voyant maman : « *Das ist Personnel*[56]. » – L'Allemand l'a frappé parce qu'il avait parlé, mais il a quand même demandé à maman : « *Hast du Ausweis*[57] ? – *Ja.* » Mais elle ne l'avait pas sur elle. Maman, qui au travail s'occupait de fournir des attestations, n'en avait pas elle-même. Elle s'est mise à fouiller dans son sac et a fini par trouver la carte de *Gesundheitskammer.* [On est remontées toutes les deux.]

Quand les Allemands sont sortis, madame Redil, la dactylo, s'est jetée au cou de maman. La milice juive et une partie du personnel faisaient descendre les malades. Entre-temps, les Allemands sont entrés au dispensaire, ils ont trouvé grand-père assis et ils l'ont emmené. Grand-père a été calme et il ne s'est pas énervé. Il a transmis sa dernière volonté au docteur Mehrer. Maman a eu à peine le temps de reprendre ses esprits, le docteur Mehrer lui a tendu un petit paquet de la part de grand-père sans rien dire. Maman était sûre que grand-mère et grand-père étaient saufs, parce que l'attestation mentionnant que la *Meldekarte* avait été donnée à tamponner était dans la poche de la blouse. C'est dans l'après-midi quand elle a ouvert le paquet qu'elle a appris ce qui s'était réellement passé. Le soir, oncle Mundek est rentré avec la *Meldekarte* tamponnée du grand-père. Trop tard[58].

Mercredi, ils ont emmené tante Sala. « L'action » a duré une semaine. Samedi c'était de nouveau le calme et dimanche on est rentrées avec grand-mère à la maison. Là, on a appris

---

55 *Das ist mein Kind :* « C'est mon enfant ».
56 *Das ist Personnel :* « C'est le personnel ».
57 *Hast du Ausweis :* « As-tu le laissez-passer ? »
58 « Trop tard » (ajout de l'édition de 1946).

qu'oncle Mundek avait passé toute la semaine derrière la porte ouverte des toilettes et Klara de l'autre côté de l'immeuble dans d'autres toilettes. Gustaw s'était caché dans un tas d'ordures dans la cour de l'immeuble.

Lundi, il y a eu de nouveau une « action ». On dormait maintenant sur les lits des malades, à même les matelas. Dans cette même salle dormait Kudyszowa, une cuisinière hystérique. Chaque nuit, elle nous réveillait en criant : « Il y a des camions devant l'hôpital ! » La première nuit, nous avons eu très peur, mais après, nous ne réagissions plus. Kurzrok a apporté la *Meldekarte* tamponnée de maman. Soudain, j'ai eu 39,8 de fièvre. Maman m'a couchée dans un lit où avant il y avait un malade. Le lendemain elle a trouvé sur mon pyjama deux gros poux. La fièvre ne descendait pas. « L'action » durait toujours. Par les fenêtres de l'hôpital nous voyions notre maison. Quand ils sont arrivés dans notre rue, maman a regardé pour voir s'ils n'emmenaient pas son frère, Klara ou Gustaw et elle les a vus qui pillaient. Elle voyait des garçons de dix ans qui sortaient de l'immeuble avec nos robes, nos manteaux et nos chaussures, et elle a vu qu'ils faisaient sortir Klara aussi. Samedi, tout s'est calmé et dimanche nous avons voulu rentrer. J'avais toujours de la fièvre. La dernière nuit, Kudyszowa s'est mise à crier de nouveau : « Les camions, les camions devant l'hôpital ! » Mais nous ne faisions plus attention à elle. Cinq minutes plus tard, on a entendu crier dans le couloir : « *Heraus ! Heraus*[59] *!* » Maman m'a vite habillée et une minute plus tard nous étions déjà alignées contre le mur. Les Allemands vérifiaient les *Meldekarten*. On ne voyait grand-mère nulle part. Maman voulait courir au dispensaire. Madame Redil l'en a empêchée. Elle a dit : « Un enfant, c'est plus important qu'une mère ». Ils ont commencé à faire

---

59   « Dehors ! »

la ségrégation. Ils ont emmené l'enfant du docteur Jurim, et lui et sa femme l'ont suivi d'eux-mêmes. Ils ont pris la mère de Janka Glasgal et elle aussi a suivi sa mère. Ceux qui restaient ont été emmenés dans la cour. L'ordre a été donné : « Par terre ! Debout ! » et à la fin : « Au travail ! » Dans la cuisine, on a commencé à préparer le petit déjeuner pour les Allemands. Une heure plus tard, Landesberg est venu pour nous annoncer la fin de l'« action » et dire qu'il y avait un ordre formel pour constituer un ghetto dès le 7 septembre[60].

Nous sommes rentrées à la maison. Je me sentais mieux. Le lendemain, tante Reis est venue avec son mari pour nous demander s'ils pouvaient rester chez nous. Ensuite le rédacteur Brat, un collègue de papa, avec sa femme et le docteur Bleistein. Madame Redil et sa mère devaient, elles aussi, habiter chez nous. Le rédacteur Brat travaillait au *Wohnungsamt*[61] et avait la possibilité d'obtenir un *Order* pour un appartement[62]. Cet *Order* était déjà prêt quand un coiffeur est venu avec un autre. Ils ont commencé à se disputer. Ce coiffeur était le barbier d'Ulrich, le commandant de Lvov, et c'est lui qui a pris la chambre.

---

60   Comme Janina l'a indiqué, Henryk Landesberg avait pris la succession d'Abraham Rotfeld à la tête du *Judenrat* en mars 1942. À la suite de la « grande action » décrite par Janina, plus de cinquante mille Juifs auront été envoyés à Bełżec. Les survivants sont regroupés début septembre dans un ghetto aux dimensions très rétrécies, consistant en un très étroit triangle situé au nord de la voie de chemin de fer.

61   Le *Judenrat* de Lvov avait établi une administration destinée à gérer les besoins de la population juive tout en appliquant les exigences nazies. Parmi les départements de cette administration, qui, en 1942, employait plus de quatre mille personnes (qui se trouvaient ainsi momentanément et relativement protégées), se trouvait le *Wohnungsamt*, bureau du logement, chargé de la gestion de la zone surpeuplée du ghetto.

62   Une affectation pour un appartement [N.d.e. 1946].

III

Tante Reis a dit à maman qu'elle aurait la possibilité de m'envoyer quelque part. Maman lui a demandé de lui dire exactement avec qui et où. Tante Reis avait une bonne, Józia T. Un ami du frère de Józia, B[obak], était originaire de [la région de] Stary Sącz[63] et pouvait m'y emmener. Il me fallait des papiers que maman aurait dû se procurer. Tante Reis donnerait l'argent au frère de Józia T[wardowska] qui payerait B[obak] au fur et à mesure. Voyant dans quelles conditions je vivrais au ghetto, maman a accepté. Je suis allée chercher les papiers chez tante W[…], mais elle a catégoriquement refusé de me donner un acte de naissance ou un *Ausweis*. Elle ne m'a donné qu'un bulletin scolaire de l'époque des Russes et seulement celui de Lala, sa cadette. Maman a pu acheter un acte de naissance pour moi. Le 1er septembre 1942, je suis sortie de la maison. J'étais encore à la maison quand en face, au 15 rue Herman, là où il y avait le siège du *kahal*, on a pendu Landesberg et onze miliciens[64]. J'ai passé quelques jours chez tante Reis. Maman venait me voir. Ce qui était bizarre pour moi et maman, c'est que tante Reis disait que j'allais à Stary Sącz, Józia que c'était à Rytro[65] et B[obak] à Czarny Potok[66].

---

63   En Petite Pologne, à plus de trois cents kilomètres à l'ouest de Lvov.

64   Landesberg et des policiers de la milice juive furent pendus au balcon de l'immeuble du coin de la rue Jakub-Herman, et exposés à la vue des passants pendant plusieurs jours. Les rumeurs du ghetto donnèrent plusieurs explications à cet acte : représailles à l'assassinat d'un Allemand par un Juif lors d'une altercation, réponse à la découverte d'un stock de biens destiné au marché noir dans les greniers du *Judenrat*, ou épilogue de la « grande action » (Eliyahu Jones, *op. cit.*, p. 105).

65   Un village à quelques kilomètres au sud de Stary Sącz.

66   Un village à l'ouest de Stary Sącz, dans les collines. Łącko, où se trouve la poste, est à quelques kilomètres au sud de Czarny Potok. Voir fig. 6, p. 137.

Je suis enfin partie, mais maman ne savait pas où. C'était à Czarny Potok. B[obak] m'a accompagnée, mais il a voulu rentrer tout de suite après, je ne sais pas pourquoi. Là-bas, je me levais très tôt pour aller faire paître une vache. La vache se sauvait, je la poursuivais et me blessais les pieds. Maman me manquait beaucoup et, quand j'étais toute seule, je pleurais tout le temps. J'étais censée écrire une carte tout de suite après mon arrivée. Je l'ai fait. Je l'ai donnée à B[obak] pour qu'il la porte à la poste de Łącko. B[obak] y est allé pour ses affaires. Il est rentré. Quelques jours plus tard, je me suis aperçue qu'il n'avait pas posté ma carte.

Maman n'avait aucune nouvelle de moi. Elle a commencé à s'inquiéter. Tante Reis s'était sauvée avec son mari et ni T[wardowski] ni Józia ne voulaient parler avec maman. Elle avait très peur et elle a eu de la fièvre. Il y avait un problème d'appartement, elle devait travailler à l'hôpital et en plus son frère ne travaillait plus au *kahal*. Mansfeld, un Allemand, était le commandant du ghetto[67]. Les ouvriers qui travaillaient au ghetto étaient appelés « les gens de Mansfeld ». En payant, et grâce à un piston, maman a obtenu pour oncle Mundek un poste d'égoutier. Gustaw travaillait toujours au *kahal*. Madame Bronia Brat a promis à maman qu'elle l'aiderait et elle a envoyé son amie madame Stasia Magierowska me chercher à Rytro. Le frère de T[wardowski] habitait à Rytro. Heureusement, j'étais allée lui rendre visite avec B[obak] une fois et ils ont pu indiquer mon adresse. Madame M[agierowska] a fait le chemin de Rytro à Czarny Potok à pied. B[obak] a été très surpris.

Le 20 septembre, j'étais de nouveau à Lvov. J'habitais du côté aryen, au 12 rue Hoffman chez madame Stasia et avec sa mère. Maman travaillait toujours à l'hôpital, Gustaw en

---

67   L'*Oberscharführer* Mansfeld avait d'abord été en charge d'un « petit camp » de travail forcé établi au cœur du quartier résidentiel allemand, rue Czwartaków.

tant que coursier, oncle Mundek en tant qu'égoutier et oncle
Hirsch dans l'achat de bouteilles vides. J'allais chaque samedi
chez ce dernier au 21, rue Każimierzowska, et maman venait
m'y voir chaque semaine. On parlait maintenant de « caser-
ner » les gens. Tout le monde en avait très peur. J'embêtais
tout le temps maman pour qu'elle fasse quelque chose pour
elle et maman s'est mise à faire des démarches. Madame
Piotrowska a obtenu des papiers pour maman et elle devait
louer une chambre pour elle. Maman devait juste se trouver
un travail et payer la location. Mon amie Hela Gangel était,
elle aussi, chez madame Jadzia[68]. Parfois, nous allions nous
promener. Elle emmenait les enfants de madame Piotrowska.

Un jour, une femme a voulu me parler. Je pensais qu'elle
venait de la part de madame Piotrowska. Elle m'a dit : « Je
viens de la part de la Gestapo. Tu t'appelles Janina Heszeles[69]
et non Lidia Wereszczyńska. Il faut déposer cinq mille avant
quatre heures, sinon tu iras à *Piaski*[70] ». Je suis allée voir
l'oncle. Il a transmis le message à maman et elle est venue à
quatre heures. Cette femme est venue aussi. Maman savait
que c'était pour faire du chantage et elles se sont mises à
parler. Finalement, elle s'est contentée de cent zlotys. On
était vendredi.

Dans le ghetto, on « casernait ». [Tout le monde était
inquiet.] Maman ne voulait pas que je vienne avec elle dans
le ghetto. Il fallait que je reste chez madame M[agierowska]
jusqu'à ce que maman trouve quelque chose pour moi. Elle
ne pouvait pas s'occuper d'elle-même parce qu'elle s'en faisait tout le temps pour moi. Mardi, une autre femme est
venue quand j'étais dans la cuisine et m'a dit qu'il fallait que

---

68   Ms : Madame Piotrowska. Le prénom de madame Piotrowska était Jadwiga,
     dont Jadzia est le diminutif.
69   Ms : Hescheles. Orthographe plus polonaise.
70   *Piaski* : lieu d'exécutions massives près du camp Janowski à Lvov [N.d.e. 1946].

maman vienne à midi parce que la Gestapo allait venir. J'ai fait transmettre le message à maman. La mère de madame Stasia avait une amie[71]. Il n'y avait pas de temps à perdre et je suis allée chez elle, au 11, rue Kasper Boczkowski. Elle s'appelait Kordybowa, elle avait soixante ans et faisait semblant d'en avoir trente-cinq. Elle appelait son mari, père. Dans la matinée, elle traînait place des « contrebandiers[72] » et passait ses après-midi penchée sur les cartes. C'était une diseuse de bonne aventure. Avec une partie du personnel, Kurzrok a organisé un hôpital pour le camp, rue Janowska. Ils allaient au ghetto deux fois par semaine. C'est son adjoint, le docteur Tadanier, qui dirigeait l'hôpital. Il était marié et avait un petit garçon, sa fille était du côté aryen.

Dans le ghetto, il y a eu une « action[73] ». Le ghetto était maintenant complètement fermé. Les Juifs allaient au travail en colonnes. Ils étaient marqués[74] avec les lettres « W » ou « R[75] ». Les *Meldekarten* ont cessé d'être valides. Le *kahal* a été dissous. Les employés ont été fusillés à *Piaski*. Quelques-uns sont allés au camp. Gustaw s'est retrouvé au camp et il travaillait au *Reinigung*[76]. Oncle Hirsch a eu la lettre « W ». Maintenant, j'allais le voir tous les jours. J'ai appris que tante Reis et son mari avaient été dénoncés et qu'ils étaient morts. Oncle Mundek a eu le typhus. On ne savait pas s'il allait vivre parce que, quand il y avait une « action », les camions

---

71 Ms : Madame Michniakowa, la mère de madame Stasia, connaissait quelqu'un.

72 C'est ainsi que les habitants de Lvov appelaient la place Solski [N.d.e. 1946]. Il s'agit de la place du Marché-aux-Grains (Targ Zbożowy). Voir fig. 5, p. 136.

73 18 novembre 1942. L'action concernait les soi-disant « éléments inaptes au travail » (Eliyahu Jones, *op. cit.*, p. 170).

74 Ms : les Juifs allaient au travail en colonnes et on les marquait…

75 « W » – *Wehrmacht* (armée), « R » – *Rüstung* (armement), lieux de travail [N.d.e. 1946].

76 *Reinigung* : brigade de nettoyage du camp et des rues de Lvov.

arrivaient à l'hôpital et emmenaient les malades. Rena était déjà casernée et portait la lettre « R ». Maman ne portait ni « W » ni « R ». On a attribué au personnel de l'hôpital deux bâtiments au 3 et 5, rue Szaraniewicz. « L'action » était maintenant terminée. Il n'y avait que la milice juive qui continuait sa propre « action » et mettait ceux qu'elle arrêtait en prison au 12, rue Waisenhof. Toutes les deux semaines, le samedi, on emmenait les prisonniers à *Piaski*.

Oncle Mundek a guéri et il a été caserné, maman aussi. Maman me manquait. Kordybowa m'a frappée plus d'une fois. Je n'étais pas bien chez elle. Parfois, elle ne me donnait rien à manger. Je ne disais rien à maman, [parce que] je ne voulais pas qu'elle s'inquiète. Maman me manquait de plus en plus, j'étais de plus en plus mal. J'ai décidé de me sauver de chez Kordybowa pour aller à la caserne. Le ghetto s'appelait *Jüdischer Arbeitslager* ou *Julag* depuis qu'on l'avait transformé en caserne. Mais Kordybowa a deviné ce que je voulais faire et m'a battue. Elle a dit que, si maman me manquait, elle n'avait qu'à venir pour qu'on vive ensemble. Maman hésitait, elle sentait que ça pouvait nous perdre, elle et moi, mais elle se faisait du souci pour moi. Enfin, elle a décidé de venir, mais de dire qu'elle n'avait pas d'argent, et que c'était oncle Hirsch qui payait soi-disant de sa poche. Maman est venue. L'oncle devait faire sortir du *Julag* les affaires de maman quelques jours plus tard, et Kordybowa devait les apporter à la maison.

Le commandant du ghetto était désormais Grzymek[77], un Allemand. Son adjoint était Heinisch. Il n'y avait plus de

---

77 Au début de février 1943. La description de Janina est ici très proche des pages du *Livre noir* consacrées à Lvov, qui insistent, en outre, sur l'obsession de propreté de l'*Hauptscharführer* ss Josef Grzymek (Ilya Erhenbourg and Vassili Grossman, *The Complete Black Book of Russian Jewry*, traduction anglaise, New Brunswick and London, Transaction publishers, 2003, p. 82). Grzymek fut jugé à Varsovie en 1949, et condamné à mort.

kahal, mais un *Unterkunft*[78]. Tous les jours, avant d'aller au travail, il y avait un appel devant Grzymek et Heinisch. Il fallait faire attention en transportant quelque chose pour ne pas se le faire prendre et pour ne pas se faire envoyer en punition rue Waisenhof[79] ou au camp. À l'entrée, il y avait toujours des Allemands. L'oncle Hirsch transportait les affaires et moi j'allais prendre de ses nouvelles tous les deux ou trois jours. Une fois, quand je suis allée prendre des nouvelles, oncle m'a dit qu'on distribuait des « W » à l'hôpital et que le docteur Tadanier, l'adjoint de Kurzrok, s'était enfui, mais qu'il avait été arrêté et qu'il était maintenant avec sa femme et son fils rue Waisenhof. On réunissait de l'argent pour le racheter.

Kordybowa n'était pas allée place des « contrebandiers » depuis quelques jours et elle avait maintenant l'intention de faire des courses. Elle a pris l'argent de maman et elle est partie. Elle est passée voir oncle. Oncle et quelques autres ouvriers lui ont demandé d'acheter quelque chose pour eux et ils lui ont donné eux aussi de l'argent.

Oncle Hirsch est allé chercher des bouteilles pour la compagnie où il travaillait. Il est passé par la place Smolki où il y avait un poste de *Schutzpolizei* et il a vu Kordybowa qui en sortait. Il ne s'est pas demandé pourquoi elle y était allée. Une heure plus tard, il est rentré à l'entreprise. Il y a trouvé Kordybowa en larmes, lui disant qu'il y avait eu une rafle et qu'elle avait perdu l'argent en se sauvant. Cette nouvelle a beaucoup inquiété oncle Hirsch, il pressentait quelque chose. Il a demandé à Kordybowa de m'envoyer chez lui le lendemain. J'y suis allée le lendemain. L'oncle a été soulagé de voir qu'il s'était inquiété pour rien. Il ne m'a rien dit. Je

---

78 *Unterkunft* : bâtiment de l'administration allemande ; ensuite par extension tous les prisonniers qui travaillaient dans les bureaux. Le ghetto était donc passé sous l'administration directe de la ss.

79 C'est-à-dire la prison du ghetto déjà mentionnée dans le texte [N.d.e. 1946].

suis rentrée à la maison. Quand quelqu'un venait, maman se cachait dans une autre pièce derrière l'armoire, tandis que, moi, j'étais domiciliée chez Kordybowa et je passais pour sa nièce, orpheline. Mardi, Kordybowa a vidé une armoire et a dit à maman de se cacher dedans. Quand je suis rentrée de chez l'oncle Hirsch, j'ai enlevé mon manteau et je me suis assise près de maman, à côté du poêle. J'étais très heureuse d'être avec elle et je lui ai demandé de me raconter ce qu'elle allait faire le premier jour après la guerre. Nous nous sommes raconté nos rêves, mais, au fond de moi, je doutais qu'ils puissent se réaliser un jour. Des coups à la porte ont interrompu nos rêveries. Maman s'est cachée derrière l'armoire et moi je suis allée à la cuisine. Kordybowa a ouvert la porte. Trois *Schupo* sont entrés : « Qui habite ici ? »

Kordybowa a montré son mari et moi. Ils sont allés dans la chambre : « Allumez la lumière ! » Dans l'appartement, il n'y avait pas d'électricité. J'ai voulu aller chercher des allumettes dans la cuisine. Un des *Schupo* m'a attrapée, m'a giflée, puis il a enlevé sa carabine et m'a frappée sur le dos avec la crosse. Ils ont d'abord ouvert l'armoire où Kordybowa voulait que maman se cache, puis ils ont continué à chercher ailleurs. Ils ont poussé l'armoire et ont fait sortir maman en la frappant avec les crosses des carabines. Puis ils ont crié en polonais : « Les mains en l'air ! Face au mur ! » Et ils se sont mis à fouiller. Ils ont trouvé deux fioles de cyanure dans le manchon de maman. L'un d'eux a demandé : « T'en as besoin pour quoi faire, Juive ? » Et, sans attendre la réponse, il a donné un coup de pied à maman. Maman a basculé et a failli s'évanouir. L'un d'eux a crié : « Hôtesse, apporte de l'eau, ta Juive[80] est en train de s'évanouir ! » Puis ils nous ont fouillées mais ils n'ont trouvé que mille cinq cents zlotys dans le sac

---

80 Ms : ta youpine.

de maman. Ils se sont mis à crier : « Où est l'argent ? » Mais nous ne leur avons rien dit et ils ne l'ont pas trouvé. Ils nous ont dit de ramasser toutes nos affaires, d'en faire un baluchon, de nous habiller et ils nous ont conduites à la place Smolki. Là, nous avons passé une bonne heure à attendre sur un banc. Ils nous ont demandé depuis combien de temps nous étions chez Kordybowa et se sont étonnés que maman ait fait cela alors qu'elle avait un emploi. Maman m'a dit à l'oreille que, s'ils nous emmenaient rue Waisenhof, il y aurait peut-être moyen de faire quelque chose, mais si c'était rue Pełczyńska, à la Gestapo, alors là, on serait directement envoyées à *Piaski*. Une heure plus tard, on nous a conduites rue Pełczyńska. Deux *Schupo* marchaient de chaque côté et un derrière. Sur le chemin, maman se reprochait de ne pas m'avoir emmenée dans le ghetto. Moi, je la consolais en lui disant que ce n'était pas de sa faute, qu'elle faisait ce qu'elle pouvait pour moi, qu'elle sacrifiait sa vie pour moi. Je ne pensais pas que nous allions finir comme ça chez Kordybowa. C'était d'ailleurs plutôt de ma faute parce que maman aurait pu rester chez madame Piotrowska, mais, après tout, c'était le destin. À la Gestapo, on nous a fait entrer dans une petite pièce où il y avait trois Allemands qui nous ont dit de nous tourner contre le mur et de lever les mains. Ici, on ne frappait pas. Il y avait un Polonais qui traduisait. Il devait connaître papa parce qu'il nous a épargné la prison, rue Pełczyńska. Dehors, il gelait, ici il faisait chaud. Je sentais que, sans changer de position, j'allais m'évanouir. Je l'ai chuchoté à maman. Maman a demandé si je pouvais m'asseoir par terre. Ils ont accepté. À huit heures, le traducteur est sorti avec un Allemand. Là, ils m'ont donné une chaise. Maman était toujours debout. Deux Allemands qui restaient ont mis la radio anglaise devant nous. Ensuite, l'autre Allemand est sorti, désormais il n'en restait qu'un seul. Il a donné une chaise à maman aussi et il a pris le téléphone.

« *Jüdischer Ordnungsdienst*[81] ? » Quand il a dit ses mots, maman a été un peu soulagée. À une heure du matin, nous étions déjà au commissariat du *Julag.* Là, maman a vu le rédacteur Brat. On nous a conduites à la prison rue Waisenhof dans une minuscule cellule[82] où il y avait près de soixante personnes assises les unes sur les autres, femmes, hommes et enfants. Quand nous sommes entrées dans la cellule, une voix dans un coin a dit : « Et voilà, encore un hareng à mariner ». Une autre voix près de la porte a ajouté : « Même deux ! » Maman ne m'a pas laissée m'allonger par terre [ça la dégoûtait]. Nous sommes restées debout un jour et une nuit. Le matin, les femmes de la cuisine ont apporté du café.

Comme le ghetto payait pour que les prisonniers aient à manger, personne n'avait faim. Mais ni moi ni maman, nous n'avons rien pu avaler. Dans la cellule, il faisait chaud et étouffant à cause de la sueur et des odeurs, alors qu'on était le 22 février. Dans un coin, il y avait des tinettes cassées où les femmes et les hommes faisaient leurs besoins. Ceux qui connaissaient quelqu'un ou qui pouvaient payer cent zlotys sortaient faire leurs besoins dans la cour. Mercredi soir, j'ai bu un café et j'avais du mal à rester debout. Maman ne me permettait pas de m'allonger, elle disait que j'allais attraper des poux, mais moi je lui ai dit : « Je prierais Dieu pour qu'il me fasse attraper le typhus mais malheureusement, je mourrai avant », et je me suis allongée. Maman a voulu s'allonger elle aussi mais il n'y avait plus de place, alors elle a pris ma place et moi, je me suis couchée sur elle. Le matin, on a compté les gens. On a transféré les femmes dans une cellule pour femmes. Là, il y avait cent femmes avec des enfants qui criaient, allongées les unes sur les autres. Monsieur Brat et oncle Hirsch sont intervenus en

---

81 *Jüdischer Ordnungsdienst :* milice juive.
82 Ms : On nous a conduites à la prison. Rue Waisenhof, on sentait la puanteur. On nous a conduites dans une minuscule cellule...

notre faveur auprès de Forschirer et Hasenus. Forschirer était le commandant de la prison et Hasenus était un aspirant. Nous avons ensuite été transférées dans une autre cellule où nous avons rencontré le docteur Tadanier. Le dernier jour avant la déportation est arrivé et nous étions toujours là. Nous nous sommes mises à compter les heures avant la déportation. Nous voulions que ça arrive plus vite, attendre était un supplice terrible. Vendredi soir[83], Hasenus est entré dans la cellule, il a choisi le docteur Tadanier avec son fils, sa femme, puis de jeunes et jolies filles et ils sont tous sortis.

Nous avons compris que nous étions perdues. Je ne pouvais plus me contenir et je me suis mise à pleurer. Ce n'était pas tant de mourir que j'avais peur, car je savais qu'ils ne fusillaient pas les enfants, ils les enterraient vivants. Certains priaient pour que la balle les tue sur-le-champ, d'autres chantaient des hymnes en hébreu. Maman a essayé de me consoler, elle m'a promis qu'elle allait me couvrir les yeux quand ils se mettraient à tirer. Je me suis sentie calme et je me suis mise à chanter avec les autres. À trois heures du matin, un simple milicien est entré dans la cellule et a fait sortir maman. Maman est allée à la porte. Il lui a demandé si elle n'avait pas d'enfant avec elle et nous sommes sorties dans le couloir toutes les deux. Dans le couloir, il y avait Forschirer qui nous a conduites dans la cellule côté cour. C'est là qu'il y avait le docteur Tadanier et les autres que Hasenus avait fait sortir avant. Mais nous n'étions pas encore sauvées. Là, il n'y avait pas de tinettes, parce qu'il n'y avait pas de place pour cela et personne ne nous faisait sortir dans la cour non plus. Il était interdit de parler fort et d'éternuer. Samedi à sept heures, le premier camion est arrivé. Quand il est parti, on a ouvert notre cellule, puis on nous a fait sortir et on nous

---

83 Ms. : Dans la nuit du vendredi,

a poussés dans une cave. Là, nous étions sauvées. Engels[84] est venu et il a lu quelques noms, dont les nôtres, mais le milicien[85] a dit que nous étions déjà parties avec le premier transport. On a emmené encore quelques hommes au camp.

La déportation se déroulait de la manière suivante. Les miliciens ouvraient toutes les cellules. Les *Sonderdienst*[86] entraient en criant : « *Heraus ! Heraus !* » et ils battaient les prisonniers avec les crosses. Quarante et quelques personnes montaient dans le camion en se couchant les unes sur les autres. Il y avait quatre *Sonderdienst* avec des carabines debout à chaque coin du camion. Après la déportation, on nous a fait sortir de la cave et on nous a reconduites à la cellule. Toutes les deux heures, ils faisaient sortir quelques personnes qui partaient au *Julag*, désormais libres. Quand ils m'ont fait sortir, l'air frais m'a fait tourner la tête et j'ai failli tomber.

Arrivée à la caserne au 5, rue Szaraniewicz, je me suis tout de suite lavée et je me suis changée en mettant les sous-vêtements de maman. Maman a mis mon manteau et le sien sur le balcon pour qu'ils s'aèrent. Madame Bronia nous a servi le déjeuner. Dans l'après-midi, oncle Hirsch est rentré du travail pour manger et a raconté que, jeudi, Kordybowa était venue chez lui pour prendre les affaires de maman et que, alors, il ne pouvait plus contenir ses nerfs et il lui a crié dessus.

Le soir, maman est allée à l'hôpital. [Elle a pris son manteau avec elle. Moi je surveillais le mien qui était resté sur la véranda. Puis je suis sortie une minute aux toilettes, et quand je suis rentrée, il n'était plus là. Mais je pensais que ce n'était rien.] À l'hôpital, on lui a de nouveau attribué son poste et elle

---

84   Un Allemand [N.d.e. 1946]. Erich Engels, chef du Département des affaires juives dans le ghetto de Lvov.

85   Ms. : les miliciens ont dit.

86   *Sonderdienst* : police auxiliaire composée de Polonais, d'Ukrainiens et d'Allemands.

s'est acheté la lettre « W ». Elle a aussi tout de suite acheté des vaccins contre le typhus pour moi et pour elle. [Elle nous a vaccinées toutes les deux.] Après la troisième piqûre, j'ai eu de la fièvre, ma main a enflé, j'avais mal à la tête et j'avais un goût amer dans la bouche. Trois jours plus tard, la fièvre n'était pas descendue. Maman ne voulait pas m'emmener à l'hôpital parce qu'elle avait peur que j'y attrape une autre maladie. La fièvre n'est pas tombée pendant cinq jours. Le sixième jour, l'exanthème est apparu, le symptôme du typhus. Je ne pouvais plus tenir debout et on m'a emmenée à l'hôpital.

Il y a un proverbe : s'abriter de la pluie sous une gouttière. C'est ce qui s'est passé pour moi. Cela faisait maintenant une semaine que j'étais à l'hôpital. Pendant qu'on déportait les malades, j'étais un peu inconsciente. Maman m'a habillée, mais, au lieu de me porter au camion, elle m'a prise jusqu'au laboratoire et m'a couverte avec sa blouse. À l'hôpital, j'ai rencontré madame Tadanier qui avait le lit à côté du mien. Oleś, son fils, avait eu le typhus aussi mais là, il allait mieux et venait voir sa maman à l'hôpital. Le docteur Tadanier est mort du typhus. Maman a passé la moitié de la journée avec moi. Une semaine après, maman s'est mise à avoir de la fièvre. Le médecin l'a examinée et a dit que c'était le typhus. Maman était maintenant allongée à côté de moi. Au bout de quatre jours, sa fièvre est tombée et il s'est avéré que ce n'était pas le typhus. Désormais, après avoir passé plusieurs jours dans une salle pour malades contagieux, maman s'attendait à tomber malade. Rena est tombée malade du typhus et elle a eu en plus une gangrène des jambes. Il y avait un espoir qu'on lui ampute juste les orteils, mais elle a été déportée avec les autres malades.

Un jour, les *Sonderdienst* ont encerclé la caserne de Mansfeld et ils ont emmené cinquante personnes à Żółkiew pour creuser des fosses. Sur place, ils en ont fusillé dix et en ont emmené quarante autres au camp. Oncle Mundek a été fusillé à Żółkiew. Ils étaient en train de « réduire » le *Julag*. Ils ont supprimé un des hôpitaux. Ils ont attribué aux employés un immeuble en face de l'hôpital [au 12 rue Kusiewiscz].

Le mois de mai est arrivé. J'allais au jardin de l'hôpital pour travailler un peu. On y travaillait n'importe comment. On savait qu'il n'y aurait plus de récolte. Je jouais maintenant avec Oleś, Maryśka Maksamer et Henryk Weiner. Un jour, Henryk s'est évadé avec sa mère. La liquidation du *Julag* a commencé. Les femmes de la DAW ont été transférées sur le terrain de la fabrique[87]. Il était question qu'oncle Hirsch aille au camp. Le dernier jour est arrivé. Maman m'a dit d'aller chez tante W[...]. C'était un lundi. Je suis partie avec la colonne de *Rohstoff* à six heures du matin[88]. Je me suis détachée de la colonne dans la rue et j'ai couru aussi vite que je le pouvais. Je suis allée à la porte côté jardin, qui était fermée. J'ai frappé mais personne ne m'a ouvert. Je me suis appuyée contre une barrière et j'ai frappé à la fenêtre. Par la fenêtre, je voyais Irka, Lala et leur mère couchées dans leurs lits. La mère lisait un journal. Quand elle m'a entendue frapper, elle a tourné son visage vers la fenêtre et m'a aperçue, mais elle n'a fait que lever ses yeux et n'a pas ouvert la porte. J'ai attendu encore un peu, j'ai frappé encore une fois mais personne n'est venu m'ouvrir.

Je suis allée voir oncle Hirsch. Le second entrepôt de bouteilles était encerclé par la police ukrainienne et il m'a dit de me faufiler dans le *Julag* par le trou dans la palissade. J'ai fait demi-tour et j'ai vu un groupe de « Schwarz[89] » qui rentrait après la relève de nuit au *Julag* et je suis rentrée

---

87 DAW (*Deutsche Ausrüstungswerke*), fabrique allemande d'armement occupant une partie du camp. Voir notre postface.

88 Les détenus du camp travaillaient dans plusieurs usines de la ville, ici l'usine de traitement des déchets, déjà évoquée, et un peu plus loin l'usine Schwarz, également citée.

89 Nom donné aux travailleurs de l'usine allemande Schwarz, qui se situait rue Saint-Martin à Lvov [N.d.e. 1946].

avec eux. À dix heures, j'étais de retour à l'hôpital. J'ai dit
bonjour à maman en souriant. Madame Bronia, quand elle
m'a vue, elle a failli s'évanouir. La nuit, maman n'arrivait
pas à dormir. Mardi matin, nous sommes descendues à l'abri
dans l'hôpital. On y entrait en passant par la cuisine dans
l'appartement de monsieur Labiner. Pour cela, il fallait enlever
le tuyau d'évacuation du poêle. Dans l'après-midi, Kurzrok
est venu et a emmené son père qui était dans le *Julag*, sa
cousine, madame Adlesberg et Labiner avec sa femme et son
enfant à l'hôpital du camp. De là, les Labiner sont partis à
Cracovie. Oncle Hirsch n'est pas rentré du travail et il n'est
pas venu chercher ses affaires au camp.

Maman était couchée sur le lit, toute pâle. Je me suis allongée à côté d'elle et lui ai demandé : « Pourquoi tu es triste ?
"L'action" n'a pas encore commencé. » Maman a répondu :
« Pour moi "l'action" est déjà en route. Et malgré le cyanure,
ma mort va être dure parce que toi, tu es là. En ce qui me
concerne moi, je n'ai pas à hésiter. » Puis, elle s'est mise à
pleurer : « Janula, ma chérie, épargne-moi ce supplice, va-t'en.
Je ne veux plus savoir ce que tu deviendras, pourvu que je
ne te voie pas à côté de moi ! Vas-y si tu m'aimes, retourne
chez elle encore une fois. Cette humiliation, je la prends sur
moi, puisque c'est moi qui te dis d'y aller. »

Mais moi, je ne voulais pas obéir. Je lui ai répondu : « À
quoi bon vivre ? De toute façon, je ne survivrai pas sans
papiers. Tu veux rendre mon supplice plus long, maman ?
Est-ce que ce n'est pas mieux d'en finir une bonne fois pour
toutes, dans les bras l'une de l'autre ? Que vaut la vie pour
moi si je dois vivre seule ? »

Maman s'est mise à me supplier : « Il faut que tu y ailles !
Il faut que tu nous venges, moi et papa ! » Je lui ai demandé :
« Est-ce que la vengeance te rendra à moi ? Est-ce que ça
vaut la peine de souffrir pour ça ? Qu'est-ce que ça peut nous

apporter ? Ce n'est pas mieux d'en finir maintenant, l'une près de l'autre ? Maman, tu m'épargneras tant de souffrance, tant de peines !!! »

Je bataillais avec ma mère. Cela m'a usé les nerfs. Je ne pouvais plus voir maman pleurer. Son visage devenait ridé comme celui d'une vieille. Son cœur battait si fort que je pouvais l'entendre. J'ai enfin accepté à condition que maman me donne du cyanure au cas où, mais elle a refusé. Elle m'a donné deux mille sept cents zlotys pour la route et m'a accompagnée jusqu'à la sortie. J'ai fait mes adieux à monsieur et madame Brat. Oncle Hirsch n'était toujours pas rentré du travail. Maman m'a encore embrassée et, pendant que j'attendais déjà dans la colonne, elle a chuchoté : « Supporte la souffrance avec courage, pour ta mère ! »

Je suis retournée chez tante W[…]. Cette fois-ci la porte était ouverte et je suis entrée sans frapper. Me voyant devant elle, ma tante ne pouvait plus me jeter dehors. Je lui ai donné une partie de l'argent. Ma tante avait une amie, Helena Nowicka, à qui elle se confiait pour tout. Nowicka était antisémite et, à l'époque des pogroms, elle allait frapper les Juifs. [Maman l'avait connue devant la prison où toutes portaient des colis, maman pour papa, Nowicka pour ses deux fils[90].]

La liquidation du *Julag* arrivait à sa fin. Cinq jours plus tard, ma tante ne voulait plus me garder chez elle. Je suis allée chez oncle Hirsch mais, au *Betrieb*[91], il n'y avait plus aucun Juif. J'ai appris d'un commissaire aryen qu'il y avait eu une fouille. On avait trouvé des armes et on avait fusillé tous les employés de *Rohstoff*[92], dont mon oncle. Je suis retournée

---

90 Pendant l'occupation soviétique, ce qui explique que cette allusion ait été supprimée de l'édition de 1946.

91 *Betrieb* : atelier, ici pour les ateliers de *Rohstoff*.

92 Voir p. 32.

chez tante W[...] avec l'intention d'aller à l'hôpital du camp le lendemain.

J'y suis allée le matin. Ma tante m'a pris tout l'argent et m'a dit qu'elle allait essayer de faire quelque chose pour moi. Elle m'a donné deux tranches de pain. J'ai repris deux cents zlotys et je les ai emportés avec moi. Je suis allée à l'hôpital voir Kurzrok, mais il avait été dénoncé lors d'une tentative de fuite avec sa femme, par deux mouchards, Pecherz et Szwadron, et il avait été tué. De tout le personnel, il ne restait désormais plus que dix-sept personnes.

Gustaw a été fusillé lors de la liquidation de la *Reinigung*[93]. À l'hôpital, j'ai parlé à madame Adlersberg qui m'a dit d'aller à la DAW le lendemain. Je suis encore retournée chez ma tante. Le lendemain matin, elle a trouvé une lettre : « Madame [W...], il y a une petite Juive chez vous. Soit vous déposez ving mille, soit la petite Juive ira à *Piaski* ».

Sur le chemin, quand j'étais rentrée de l'hôpital, je n'avais croisé personne de ma connaissance. Je me suis rendu compte que c'était Nowicka qui, à la demande de ma tante, avait écrit la lettre. Quand on s'est quittées, ma tante m'a dit qu'elle allait essayer d'arranger quelque chose et que, si elle ne trouvait rien, elle me rendrait mon argent par l'intermédiaire de madame Adlersberg.

---

93 *Reinigung* : service de propreté de la ville, aussi brigade des prisonniers du camp Janowski qui effectuaient ce travail, ils furent fusillés courant mai 1943 sur le terrain du camp [N.d.e. 1946].

IV[94]

Au 117, rue Janowska, il y avait un atelier de confection avec un *Werkordner*[95] à l'entrée. J'ai été obligée de lui dire que j'étais juive pour qu'il me laisse entrer. J'y ai retrouvé la *Vorarbeiter*[96], Bronia Muszkat, et j'ai passé une partie de la journée avec elle. Puis, sur le terrain de la DAW, j'ai retrouvé madame Redil, la *Vorarbeiter* de *Zuschnitt*[97]. À la DAW, il y avait une caserne où logeaient cinq cents femmes. On y était plus à l'abri que dans le camp. Madame Redil a demandé à Schächter, c'était un ami à elle, de me faire entrer à la caserne. C'est vrai que j'aurais pu y aller en tant qu'enfant, mais on me l'avait déconseillé. Finalement, on m'a trouvé un poste de finisseuse à l'atelier « *Schneiderei I* » de l'usine Schwarz[98], dans l'équipe d'Elza Maro et de Hanka Weber. Les femmes qui y travaillaient n'étaient pas encore enfermées dans le camp à l'époque. Maintenant, je dormais avec elles à l'atelier.

On travaillait dans de longs baraquements avec un toit troué. Quand il pleuvait, l'eau coulait à l'intérieur en se faufilant entre les tuiles cassées. Là-bas, le directeur s'appelait

---

94 À partir de ce chapitre, les éditeurs de 1946 ont constitué un véritable puzzle à partir des cahiers de Janina. Les éléments identifiés par une ligne marginale proviennent du premier jet rédigé par la jeune fille, et ont été insérés dans le récit du second jet, qui sert de base. Les éléments du premier jet non utilisés en 1946 sont publiés en annexe. Pour une description de ce montage, voir la postface.

95 *Werkordner* : surveillant juif dans l'atelier.

96 *Vorarbeiter* : chef d'une équipe de détenus.

97 *Zuschnitt* : atelier de coupe.

98 Après que les rares survivants du ghetto de Lvov ont été internés dans le camp, les anciens employés de l'usine Schwarz se sont mis à travailler dans les ateliers de confection près du camp, où l'on avait transféré les machines de l'ancienne usine [N.d.e. 1946].

Gebauer[99], et son adjoint Müller. Il y avait aussi deux brutes qui surveillaient : Bajer et Melchior[100]. Ensuite un *Aufseher* allemand[101] pour deux ateliers. Schächter et la Juive Haber dirigeaient les ateliers. Il y avait en plus des *Vorarbeiter* : Elza Maro, Hanka Weber, Róża Rubinstein, Lusia Münzer, Bronia Muszkat, Cyla Morgentraub, Róża Redil, Grinbaum et Kohn. Dans chaque atelier, il y avait plusieurs équipes, et chaque équipe avait son contremaître, deux *Zurichter*[102], un *Bügler*[103], vingt couturières à la machine et quinze aides. Hilferding était le chef du bureau de l'atelier et Löbel s'occupait du bureau technique. Les employés de l'administration et les *Vorarbeiter* habitaient à la caserne des *Gelände*[104]. Tusia, la sœur de Bronia, était la chef des femmes à la caserne[105]. La zone des *Gelände* était composée de quatre baraquements en bois. Dans l'un d'eux, il y avait le *Waschraum*[106] et la cuisine.

---

99 Le SS *Obersturmführer* Fritz Gebauer dirigeait les ateliers de la DAW. L'accusation soviétique à Nuremberg (cinquante-cinquième jour, 14 février 1946) ainsi que Borwicz dans *Uniwersytet zbirów* racontent comment, pour punir des prisonniers qui tentaient de se laver clandestinement, Gebauer les avait contraints à demeurer immergés dans des cuves d'eau par – 20 °C, jusqu'à ce qu'ils meurent (Michel Borwicz, *University of Criminals, op. cit.*, p. 62). Gebauer fut jugé à Sarrebruck en 1968 et condamné à perpétuité.

100 L'*Unterscharführer* Karl Melchior, adjoint de Gebauer. Jugé à Munich en 1949, condamné à perpétuité.

101 *Aufseher* : civil allemand qui surveillait les détenus employés dans ateliers.

102 *Zurichter* : ouvrier responsable du travail préparatoire.

103 *Bügler* : repasseur.

104 *Gelände* : les terrains. Il s'agit des terrains de la DAW, adjacents à la zone centrale du camp, où se situaient les baraques des hommes. La zone de la DAW était séparée du camp par les bâtiments occupés par les SS et les bureaux, et longeait la rue Janowska. Michel Borwicz évoque les « longs *Gelände* de la DAW ; les baraquements des ateliers de part et d'autre, les rues latérales, l'herbe. Le royaume de l'*Obersturmführer* Gebauer, spécialisé dans l'enterrement d'êtres vivants et dans la strangulation [...] » (*University of Criminals, op. cit.*, p. 104, notre traduction).

105 Il s'agit d'une erreur, Tusia n'était pas la sœur de Bronia ; elle était sa belle-sœur [N.d.e. 1946].

106 *Waschraum* : salle d'eau.

Dans les trois autres, [sans plafond] il y avait des couchettes de quatre niveaux jusqu'au toit. Toutes les neuf rangées de couchettes, il y avait un passage. On dormait seules. On présentait nos *Esskarte*[107] pour avoir à manger. On mangeait à moitié allongées pour ne pas se cogner la tête contre la couchette du dessus.

Le travail commençait à six heures [et avec le travail, la course pour les quotas]. Je n'arrivais pas à faire mon quota, ni à rester en place toute la journée. Bauer, notre contremaîtresse, m'a crié dessus plus d'une fois. Par contre, Elza Maro ne m'a jamais rien dit. Je tournicotais dans les ateliers. Par exemple en prétextant une visite chez le médecin, j'allais voir Maks Boruchowicz[108] à l'atelier de cartonnage.

Au bout de deux semaines on nous a transférées au camp[109] où on dormait. Je faisais partie de ceux qui étaient bien lotis. Je connaissais Akser[110], il m'a trouvé une place au baraquement de *Wäscherei*[111], propre, avec moins de femmes qu'ailleurs. Je connaissais aussi Orland[112], et sans lui j'aurais été obligée de faire la queue pour avoir de la soupe. Plus tard, grâce à

---

107 *Esskarte* : carte donnant le droit de recevoir une meilleure soupe. Ses détenteurs faisaient partie des détenus logés à la caserne, ayant certains privilèges par rapport aux détenus du camp.

108 Maksymilian Boruchowicz, c'est-à-dire Michel Borwicz, dont c'est la première apparition dans le récit.

109 C'est-à-dire au *Frauenlager*, le camp des femmes, situé derrière le camp des hommes.

110 Détenu employé à l'*Arbeitseinsatz* (administration du camp). Il avait pour tâche d'affecter les détenus à leurs postes de travail [N.d.e. 1946]. Il s'agissait donc d'une fonction cruciale pour la survie des détenus. Akser dirigeait l'action d'entraide dans le camp ; il était en contact avec la résistance polonaise.

111 Le baraquement de la buanderie.

112 Orland avait la fonction d'*Oberkapo* dans le camp [N.d.e. 1946]. On verra par la suite l'ambiguïté d'Orland, qui tient son rôle de kapo en chef tout en protégeant, parfois, les prisonniers. Borwicz décrit longuement Orland dans un texte autobiographique sur le camp Janowski, « Ma pendaison » (publié dans l'édition de poche des *Écrits des condamnés à mort*, Paris, Gallimard, 1996).

Akser, j'ai eu le droit de déjeuner à l'*Unterkunft*[113]. Le samedi matin, on allait à la douche, et, dans l'après-midi, on avait du temps libre. Pour les femmes du baraquement *Wäscherei*, le dimanche était un jour de repos. Comme ce jour-là Elza Maro me dispensait du travail à l'atelier, j'allais à l'*Unterkunft* voir Jakubowicz[114]. Parfois Ilian[115], Grün[116], Fränkel[117], Kleinman[118] et Herman avec son accordéon venaient aussi. Pendant deux heures, nous passions du bon temps [et on oubliait le camp]. À six heures, Franka Stein arrivait de la caserne et se mettait à chanter. À la DAW, il y avait aussi un atelier pour « les Aryens ». Les « Aryennes » venaient le matin, rentraient déjeuner à midi et terminaient leur journée à six heures. Parmi elles, il y avait Stasia M[agierowska].

On nous réveillait à trois heures trente. À quatre heures, on quittait le *Frauenlager*. Au niveau du portail qui menait vers la place d'appel[119], il y avait une charrette avec du pain. Là, le cuisinier donnait à chaque fille au bout de la rangée cinq tranches de pain et elle les faisait passer aux autres. Un

---

113 *Unterkunft* : l'administration du camp ainsi que les détenus qui y étaient employés.

114 Ulrich (ou Bronek) Jakubowicz travaillait à l'*Unterkunft* ; il faisait partie du réseau d'entraide et était en contact avec les Polonais en dehors du camp.

115 « Ilian », pseudonyme de Borwicz (Boruchowicz) [N.d.e. 1946].

116 Écrivain juif [N.d.e. 1946]. Yerachmiel Grün, assassiné pendant la liquidation du camp le 19 novembre 1943.

117 David Fränkel, journaliste et militant socialiste [N.d.e. 1946], membre de Hashomer Hatzaïr.

118 Perec Kleinmann, célèbre dessinateur et chef décorateur de théâtre [N.d.e. 1946]. Grün et Kleinmann étaient des hommes de théâtre célèbres, qui avaient travaillé l'un et l'autre dans le cadre du théâtre yiddish de Lvov dont les activités avaient été largement encouragées pendant l'occupation soviétique. Ce théâtre de Lvov avait alors accueilli des artistes et des gens de théâtre fuyant la Pologne occupée par les nazis, comme Ida Kaminska et Alter Kaczyne.

119 Ms. : Au niveau du portail, vers la place d'appel. / L'édition de 1946 est plus explicite sur la disposition des lieux. C'est une des marques de l'intervention de Borwicz.

Ordner[120] et un *Lagerpolizei*[121] veillaient à l'ordre. Si on jouait des coudes, on se prenait un coup de fouet à la place du pain. Après, il y avait le café. Mais, comme il fallait se battre pour en avoir, la majorité préférait renoncer à ce jus de chaussettes, qui était chaud mais aussi très amer. Nous pouvions discuter avec les hommes jusqu'à cinq heures. Après, les *Lagerpolizei* les dispersaient et on se mettait en colonnes, cinq par rangée. Une colonne comptait cent personnes, plus le *Kolonnenführer*[122]. Là, l'appel commençait. Une fois le *Lagerführer*[123] Wilhaus parti au front, Warzok[124] qui l'avait remplacé se promenait entre les colonnes en donnant des ordres : « *Nieder !, auf*[125] ! », « garde-à-vous ! », « repos ! », « *nieder !* », puis « à terre ! » ou « rampez » ou bien « sautez ! ». Pendant ce temps-là, les *Lagerpolizei* veillaient à ce qu'on exécute scrupuleusement les ordres. Ensuite, l'orchestre se mettait à jouer et on quittait la place en marchant. Au niveau de la guérite, la *Kolonnenführer* faisait son rapport. Akser notait ce qu'elle disait. Devant la guérite, se tenaient le médecin, le docteur Biber et les *Wachmänner*[126]. Ensuite les *Askars* se réunissaient pour leur propre appel. En face de la guérite appelée *Kontrolstube*, à côté de la guérite des *Askars*, il y avait l'orchestre qui jouait. Nous passions à côté du bunker où, derrière les barreaux, des enfants

---

120 *Ordner* : détenu qui veillait à l'ordre dans les baraquements. Dans le manuscrit, Janina indique qu'il s'agit de l'*Oberkapo* Orland et non d'un *Ordner* anonyme.

121 *Lagerpolizei* : police du camp, ses membres se recrutaient parmi les détenus.

122 *Kolonnenführer* : chef de la colonne.

123 *Lagerführer* : chef du camp. Ms : *Oberschartführer*.

124 À l'été 1943, le ss *Hauptsturmführer* Friedrich Warzok avait remplacé Gustav Wilhaus, parti rejoindre la division Ss Freiwilligen en Croatie. Son adjoint Wilhelm Rokita fut envoyé diriger un camp de travail forcé à Tarnopol. Warzok avait auparavant dirigé l'un des camps satellites de Janowski près de Brody. Sa cruauté à Janowski est mentionnée par l'accusation soviétique à Nuremberg en février 1946.

125 En allemand, « à terre ! », « debout ! »

126 *Wachmann* : garde allemand.

et des adultes nous regardaient avec envie. Nous entrions dans
l'enceinte de la DAW À l'entrée, on déposait un rapport écrit
à Kurzer. Ensuite, Melchior ramassait ce que l'on avait sur
nous à part la gamelle et la tranche de pain. Nous passions
devant la maison de Gebauer. Lui et les *Aufseher* se tenaient
devant le portail. Là, le travail ou plutôt la « course » pour
les quotas commençait : quatre pantalons ou quatre blousons
ou manteaux par couturière à la machine. À la fin, l'aide
faisait les boutonnières. Si le quota n'avait pas été atteint à
six heures, on restait jusqu'à huit heures et, le lendemain,
toute l'équipe était envoyée au sale boulot, comme porter
des briques ou astiquer les latrines.

Parfois il n'y avait rien à faire, alors on faisait juste en sorte
d'avoir quelque chose dans les mains. À midi et demi, on
avait une pause d'une heure et demie. Les ouvrières logées à
la caserne de la DAW rentraient à la caserne où on leur donnait une bonne soupe, souvent une soupe de gruau ou de
patates. Nous, nous étions obligées de retourner au camp. Si
on restait à l'atelier, on risquait vingt-cinq coups de bâton[127].
On se mettait donc en colonnes, ce qui durait une bonne
demi-heure. Deux *Lagerpolizei* et deux *Ordner* venaient nous
chercher pour nous raccompagner au camp. Au niveau de la
guérite, Striks nous comptait. Sur la place, deux marmites
nous attendaient. Deux jeunes garçons rationnaient la soupe
avec une louche. Si on avait un protecteur, le jeune faisait
en sorte de puiser de la soupe épaisse avec sa louche. Dans
la soupe, on trouvait parfois deux patates, quelques amas de
gruau, puis des feuilles de navet et de carotte. Orland, le fouet
à la main, veillait à ce qu'on ne repasse pas une deuxième
fois. On faisait la queue colonne après colonne. Après, nous
allions manger au réfectoire. Au bout de cinq minutes, on

---

127 « De bâton » : ajout de 1946.

allait pour attendre devant la porte de la DAW, qui ouvrait seulement à deux heures. Là, à nouveau la corvée, à nouveau la sueur, et nos vêtements trempés. À six heures, ça se terminait par un appel à la DAW. Puis, nous nous traînions éreintées au camp. Devant l'*Unterkunft*, l'orchestre jouait de la musique que les enfants des *Wachmänner* écoutaient. Sur la place, les *Askars* jouaient au football. Nous allions au *Waschraum*, la plupart d'entre nous pour voir des amis ou pour acheter quelque chose. À l'intérieur du *Waschraum*, le long du mur, il y avait des auges en pierre. Au-dessus, de l'eau froide coulait en permanence le long des tuyaux. Sur le côté, il y avait des robinets. Il fallait avoir du piston pour avoir le droit à la bassine.

Au coup de sifflet d'Orland, on se mettait en rang et on repartait vers le *Frauenlager*. Après, c'était aux hommes de se laver. Une fois arrivées au *Frauenlager*, on nous donnait de la soupe ou une tranche de pain, puis de la lavasse à boire. Ici, il n'y avait pas d'Orland, mais Bebi qui hurlait, les *Ordner* femmes qui nous frappaient, mais malgré ça, c'était toujours le bazar. Le lundi, on nous donnait une cuillère de marmelade de betteraves à base de saccharine qui avait tourné, puis, très rarement, du beurre ou du miel ou du fromage moisi et puant. À neuf heures, les lumières devaient être éteintes, mais, dans les baraquements, tout ne redevenait calme que vers dix heures. Chaque nuit, un *Wachmann* différent venait faire sa ronde. Chaque nuit, deux *Ordnerin* étaient de service et ne dormaient pas. Le matin, elles réveillaient les baraquements, et, dans la journée, elles astiquaient le *Waschraum* et les latrines.

Le premier mois dans le camp était terrible, car à chaque fois que nous rentrions du travail, on exécutait devant nous, à côté des latrines, des enfants et des adultes du *Julag* et du bunker. On leur demandait de se déshabiller complètement, de plier leurs vêtements, et de les poser en pile par terre.

Plus tard, une délégation du *Frauenlager* est allée demander [à Siller] qu'on change le lieu d'exécution. À partir de ce moment-là, ça a été derrière la cuisine. Les cadavres restaient comme ça pendant quelques jours jusqu'à ce que le tas grossisse. Après, le commando de la mort les emportait pour les brûler à *Piaski*. Le commando était constitué d'hommes forts, sélectionnés parmi ceux qui allaient à la mort[128]. On les remplaçait régulièrement. Ils étaient tenus à l'écart de nous. Nous les voyions toujours de loin, au travail. Ils avaient leur propre baraquement à *Piaski*. Un Allemand de la SD[129] les accompagnait partout. C'est aussi le commando de la mort qui avait déterré les cadavres des gens tués en août 1942. Les vêtements que les condamnés à mort enlevaient partaient ensuite à l'entrepôt.

Au dispensaire de la DAW, il y avait un médecin que je connaissais, le docteur Tanne. Il avait travaillé avec maman à l'hôpital rue Dwernicki sous les Russes, et puis à l'hôpital rue Kuszewicz, sous les Allemands. Lui, maman, le rédacteur Brat et sa femme s'étaient cachés ensemble chez Labiner, puis ils avaient attendu ensemble assis par terre au *Frauenlager*[130]. Ce médecin avait ensuite été sauvé par Orland. Les femmes du *Wäscherei* m'ont dit que ceux qui avaient du cyanure sur eux s'étaient allongés en cercle, et tous s'étaient donné la mort en même temps.

Le deuxième mois s'est écoulé dans le calme. On allait régulièrement aux douches, rue Szpitalna, soit le vendredi soit le samedi. C'était très pénible d'y aller. Lorsque nous traversions la ville, les passants, adultes et enfants, s'arrêtaient

---

128 Sur cette « brigade de la mort », à laquelle appartenait Léon Weliczker-Wells et dont il a témoigné au procès Eichmann, voir la postface.

129 SD : *Sicherheitsdienst*, littéralement « service de sécurité ». Il s'agit du service de renseignements de la SS (dans le manuscrit, Janina avait écrit « SS »).

130 C'est-à-dire qu'ils attendaient l'exécution [N.d.e. 1946].

pour nous regarder. Sur le chemin, pour ne pas montrer notre pauvre état, nous chantions des marches joyeuses.

Le samedi, dans l'après-midi, on avait du temps libre. Pour nous distraire un peu, nous organisions de petites fêtes, mais la réalité cauchemardesque ne disparaissait pas pour autant, les chansons et les poésies que nous récitions ne parlaient que d'elle.

Au travail, on avait terriblement chaud. La nuit, les poux et la chaleur étouffante nous empêchaient de dormir. Il était interdit de quitter les baraquements après neuf heures du soir, mais les femmes les plus courageuses sortaient quand même. Moi aussi, je sortais. C'est derrière le baraquement que nous chantions et récitions des poèmes. Ces nuits-là, mon esprit bouillonnait et j'inventais de petites poésies sans rimes[131].

En face, à *Piaski*, les flammes jaillissaient des cadavres qui brûlaient. La puanteur empestait l'air. Maman me manquait, mais je ne pleurais pas ; je l'enviais seulement, car c'en était fini pour elle. Moi, je regardais ce feu[132] qui était peut-être en train de la dévorer, et je savais que j'y brûlerais, moi aussi. Mais ces moments-là étaient devenus de plus en plus rares. Je voulais profiter le plus possible du temps qui me restait pour rire, mais nos rires étaient forcés.

À un moment donné, je ne pouvais plus traîner aux *Gelände*. Au milieu, on avait installé un banc où on frappait les gens. Désormais, il y avait ce qu'on appelait des *Scheisskarten*[133]. Si on se trouvait aux *Gelände* sans cette carte, on se prenait vingt-cinq coups de bâton. Chaque équipe avait le droit à trois *Scheisskarten*, une pour quinze finisseuses, une pour vingt couturières à la machine, et une pour le

---

131 Voir, en annexe, les poèmes de Janina Hescheles écrits dans le camp Janowski (p. 102-110).

132 Ms : cette fumée.

133 Carte d'entrée pour… les latrines [N.d.e. 1946].

contremaître, les *Zurichter* et le *Bügler*. Nous réservions la carte au contremaître. Devant les latrines, il y avait un *Ordner* qui ne laissait entrer personne sans carte. Je ne pouvais donc pas prendre la *Scheisskarte* de notre équipe sans attirer d'ennuis à mes camarades. Finalement, un *Werkordner* que je connaissais m'a offert une *Scheisskarte* rien que pour moi.

V

Au niveau du portail, il n'y avait pas d'Allemands. Kurzer nous a accueillis, il avait l'air sur les nerfs. On sentait qu'il se passait quelque chose. Les *Werkordner* ne laissaient entrer personne aux ateliers et tous les Allemands étaient réunis au milieu des *Gelände*. On s'est mis à paniquer, croyant que le moment de la sélection était venu. [Nous avons poussé un soupir de soulagement car] Reryk, un Allemand, a attaché une corde à un lampadaire. On devait exécuter quelqu'un de la relève de nuit. [On peut dire qu'il l'avait cherché. La nuit,] les gens de la relève de nuit avaient organisé une fête arrosée. Cet homme avait un revolver sur lui, et, saoul qu'il était, il avait tiré. Je m'étais mise à paniquer avec les autres, mais quand il s'est avéré qu'il s'agissait d'une exécution, j'ai repris mon calme et j'ai regardé sans ciller l'homme qui se déshabillait. Peu de temps avant[134], il vendait du savon, et je lui en avais acheté un morceau. Et là, Melchior (un Allemand) lui expliquait comment se mettre la corde autour du cou. Comme s'il s'agissait d'une affaire d'argent ou de savon, habillé seulement en caleçon long, [il a dit qu'il avait compris et] il a grimpé tranquillement sur l'échafaud.

---

134 Ms : la veille.

Son calme me gênait. Je n'arrivais plus à le regarder mettre la corde autour de son cou. J'ai quitté le rang, mais l'*Ordner* m'a dit de faire demi-tour. J'ai repris ma place et tourné les yeux vers le condamné. Il pendait déjà, son corps tressaillait [et le sang coulait de son cou]. Ça m'a remuée de nouveau, mais pas parce que je regrettais le pendu, ni à cause de l'exécution, ou de la peur de mourir. Cette exécution ne faisait que dévoiler ce que je ne pouvais alors ni chasser en rigolant ou en plaisantant, ni accepter. C'est la première fois que je voyais une exécution. Avant, par peur, je détournais le regard des condamnés à mort.

Une fois, c'était quand je dormais encore dans les baraquements de l'atelier, je suis allée au camp rendre visite à Lucy Hasenus qui était alors *Ordner*. Sur la place du *Frauenlager*, des gens du *Julag* attendaient. Des femmes leur passaient du pain. À sept heures, Siller[135], un Allemand, est venu faire sa ronde. Il a fait le tour des baraquements, en observant le rationnement du café. J'ai quitté le baraquement pour aller aux latrines. En partant, j'ai vu les gens du *Julag* se déshabiller. J'étais pétrifiée de peur. J'ai fermé les yeux, je me suis bouché les oreilles, j'ai arrêté de respirer, pour ne rien voir, ne rien entendre, et j'ai couru aussi vite que je pouvais aux latrines. [Malgré cela], il fallait se battre pour s'y trouver une place. Comme j'avais peur de retourner dehors et que je restais aux latrines, quelqu'un m'a bousculée et j'ai failli tomber dedans. Des tirs ont retenti. C'est seulement là que les femmes se sont calmées. Le silence est tombé. Deux d'entre elles pleuraient : l'une avait laissé son petit garçon sur la place, l'autre sa sœur. Je tremblais, je claquais des dents. Je n'ai pas réussi à reprendre mes esprits de la soirée. Les autres femmes, qui avaient tout vu de loin, depuis leurs baraquements, n'étaient

---

135 L'*Unterscharführer* Anton Siller. Siller fut jugé à Salzbourg en 1970 et condamné à sept ans de prison.

pas aussi effrayées que moi. Je n'arrivais ni à manger ni à dormir. Lucy [s'est moquée de moi et] a essayé de me consoler en disant que ce n'était pas la peine de s'en faire, d'être à ce point sur les nerfs, vu que la même chose m'attendait, et que, une fois dans le camp, je m'habituerais à ce genre de scènes. [Elle, non seulement cela ne l'impressionnait plus, mais cela ne lui sapait plus le moral.]

Au moment de la pendaison, je n'avais plus peur de la mort, ni de celle des autres ni de la mienne, mais je n'arrivais pas à l'accepter. J'avais une grande envie de vivre et je sentais ce quelque chose en moi qui criait : « Vivre ! Vivre ! » Je n'avais pas la force d'étouffer cette voix, et je n'arrivais pas à me calmer. Je me suis rappelé un dimanche chez les Jakubowicz lorsqu'on se demandait pourquoi il n'y avait pas d'élan d'héroïsme chez les Juifs. Là, Kleinmann a dit : « Aller à la mort à *Piaski*, sans regret, en chantant, comme ces jeunes femmes, n'est-ce pas de l'héroïsme ? »

Je n'arrivais pas à lui donner raison. Accepter la mort avec humilité, comme ce pendu, c'était de l'héroïsme ? Moi aussi, j'étais censée incarner ce genre d'héroïsme ? – Non, moi, je dois vivre ! C'est vrai qu'il n'y a pas grand-chose à regretter, mais je préfère souffrir, avoir faim, mais vivre, parce que j'aime la vie. Aller à *Piaski* parce que j'ai envie de vivre ? Non, je ne m'enfuirai pas, mais je résisterai aux bourreaux et ne me déshabillerai pas[136]...

Un beau jour[137], je me suis fait aborder par Stasia M[agierowska] qui m'a dit de me faire faire une photo, qu'elle et une certaine A[damska] allaient l'envoyer à Varsovie et

---

136 Ms. : si je vais à *Piaski*, c'est pour avoir voulu vivre, pour avoir essayé de me sauver, ne pas se laisser faire, résister aux bourreaux jusqu'au bout, ne pas se déshabiller.

137 Dans le manuscrit, Janina utilise une expression du langage soutenu, que l'on peut trouver dans certains contes pour enfants, « *razu pewnego* ».

que, une semaine plus tard, j'allais recevoir une *Kennkarte*[138].
Ensuite, une dame de Brzuchowice allait m'accompagner à
Varsovie. Flaschner, le *Vorarbeiter* de l'atelier, m'a prise en photo
en cachette. J'ai demandé son avis à Bumek Wahrman[139]. Il
m'a promis de parler avec M[agierowska].

C'était soi-disant de la part d'un comité. J'ai remar-
qué qu'une fille, Frania Tadel, était souvent en compagnie
d'A[damska]. Je l'ai abordée et lui ai demandé qui était cette
A[damska]. Frania ne m'en a dit que du bien. J'ai compris que
les deux dames avaient fait la même proposition à Frania. Je
lui ai demandé. Lorsqu'elle a compris que j'étais au courant,
elle a eu peur. Je lui ai donc expliqué qu'on m'avait fait la
même proposition, mais que je n'y croyais pas. [À partir de ce
moment], j'ai arrêté de compter là-dessus tout en me prêtant
au jeu. Le jour de notre « sortie » est enfin arrivé. Là, elles nous
ont demandé cinq mille chacune. Nous avons refusé toutes
les deux. (Devant M[agierowska] et A[damska], nous avons
fait semblant de ne pas nous connaître.) Alors, elles nous ont
demandé deux mille. Nous savions désormais qu'il n'y avait que
l'argent qui les intéressait. Nous avons de nouveau refusé. Là,
M[agierowska] et A[damska] semblaient prêtes à se contenter
de la récompense qu'on obtenait en dénonçant les évadés. Elles
voulaient faire ce qu'on avait fait à Hilda de l'*Unterkunft*. On
l'avait convaincue de s'évader, et, après, on l'avait dénoncée.

L'été tirant vers sa fin, il faisait de plus en plus froid, et
nous avions de moins en moins le moral[140]. Je n'avais plus de
patience pour les poèmes. On ne chantait plus. L'ambiance

138 Les *Kennkarten* étaient les papiers d'identité imposés par les occupants nazis
     aux citoyens polonais, et attestant d'une identité « aryenne ». Le trafic de
     fausses *Kennkarten* était intense.
139 Abraham (Bronek, Bumek) Wahrman : membre de Hashomer Hatzaïr, de
     la Résistance dans le ghetto de Lvov et dans le camp. Il réussit finalement
     à s'évader du camp, mais fut arrêté et tué dans le quartier aryen.
140 Ms. : nous n'avions pas le moral.

dans le camp avait changé. Tous les jours, il y avait des accidents. Tous les jours, on fusillait ou on pendait quelqu'un. Schächter, madame Haber, Hilferding et Löbel avaient pris la poudre d'escampette. L'atelier « aryen » avait été dissous, et les Aryennes avaient été employées dans des institutions, loin des Juifs. Les gens se sont mis à déguerpir. Frania s'était évadée. Elle m'avait fait ses adieux et m'avait laissé son adresse.

[Dans le camp] deux hommes de l'*Unterkunft* s'étaient à nouveau évadés, et on craignait les représailles. Il n'y avait pas à réfléchir et pas de temps à perdre. Le lundi, j'ai décidé moi aussi de m'évader. À midi, j'ai rejoint le groupe qui allait à l'hôpital. Un *Askar* nous a ouvert la porte ; je suis entrée la dernière. Pendant que les autres entraient à l'hôpital, j'ai continué à marcher droit devant moi. Je suis montée dans un tramway. Des milliers de pensées se pressaient dans ma tête, j'en étais comme ivre. Subitement, j'ai eu envie de dormir, et il a fallu que je lutte de toutes mes forces contre le sommeil. Je suis descendue du tramway numéro trois sur la place Bernardyński et je suis allée directement chez madame Jadzia Piotrowska. C'est Hela Gangel qui m'a ouvert la porte. Comme Piotrowska n'était pas encore rentrée, je l'ai attendue en parlant avec Hela. Enfin, elle est arrivée et m'a accueillie gentiment. Elle n'arrivait pas à croire que je venais du camp. Elle était persuadée que j'habitais toujours rue Hoffman chez M[agierowska], et elle disait que maman avait dû quitter la ville, tellement elle était surprise de ne pas nous voir toutes les deux. Elle ne pouvait pas m'aider. On lui faisait déjà du chantage à cause de Hela. Elle allait désormais devoir la cacher chez ses parents. Elle est quand même allée demander aux gens qu'elle connaissait, pour savoir s'ils pouvaient me trouver un endroit où habiter[141], mais elle est revenue bredouille.

---

141 « Pour savoir s'ils pouvaient me trouver un endroit où habiter » : ajout de 1946.

Pendant ce temps-là, incapable de lutter plus longtemps contre le sommeil, je me suis endormie sur une chaise. Je suis sortie de chez Piotrowska tout ensommeillée. Elle m'a encore dit avant que je parte que, si jamais je n'arrivais pas à obtenir de l'aide de ma tante, elle me garderait peut-être quand même chez elle. Je marchais rue Łyczakowska. Je me fichais de l'accueil de ma tante, j'aurais donné ma vie entière pour dormir pendant deux jours. Arrivée au numéro 74, j'ai frappé à la porte principale. Personne n'a ouvert. J'ai frappé encore et poussé sur la poignée. La porte était ouverte. Dans la pièce, il n'y avait que Lala toute seule allongée sur le lit. On entendait des voix dans la cuisine. J'ai demandé s'il y avait quelqu'un à la maison à part ma tante et Irena, puis je lui ai quand même dit d'appeler sa mère. Lola est revenue un instant plus tard, accompagnée de Nowicka (une amie de ma tante) qui m'a montré la porte en disant : « Débarrasse le plancher, espèce de… »

J'étais préparée à être mal accueillie, mais je ne m'attendais pas à cela. J'ai eu à peine la force de me traîner jusqu'au tramway qui menait au camp. Je me tenais sur la plateforme pour descendre, quand j'ai vu Heinen[142] en compagnie d'un autre Allemand. Je suis descendue du tramway, ils n'étaient pas dans la rue. J'ai voulu entrer à l'hôpital, mais quelqu'un tirait sur la poignée de l'intérieur. Finalement, la porte a cédé, et sur les marches, j'ai vu Heinen. Je me suis vite sauvée, et je suis entrée par le portail de la DAW. Schichman m'a demandé d'où je venais comme ça, puis a éclaté de rire et a dit : « Fugueuse, ne t'en fais pas[143], maintenant retourne vite

---

142 Le SS *Unterscharführer* Heinen, l'un des officiers les plus jeunes et les sadiques du camp Janowski [N.d.e. 1946]. Dans *Uniwersytet zbirów*, Borwicz décrit certaines de ses pratiques, qui sont également évoquées par l'accusation soviétique à Nuremberg en février 1946.

143 « Ne t'en fais pas » : ajout de 1946.

au travail ! » La cloche a sonné, et je suis allée directement sur la place d'appel.

En représailles des deux évasions précédentes, l'*Unterkunft* a été dissous. Les gens de l'*Unterkunft* étaient censés déménager dans les baraquements du camp à partir de la nuit suivante. L'orchestre ne jouait plus. Deux autres évadés qu'on avait arrêtés ont été pendus derrière le *Waschraum*. Ulrik Jakubowicz, un autre mécanicien et un chauffeur ont tous été enfermés dans le bunker. C'était une triste journée dans le camp. En plus, le Nouvel An juif approchait. J'étais tellement abattue que la peur et la panique générale n'avaient pas prise sur moi. C'est là que j'ai compris pourquoi les condamnés acceptaient la mort avec autant de calme. Je n'avais plus envie de vivre, je ressentais désormais un dégoût pour la vie. Les femmes tournaient en rond en pleurant. Olga (une des *Ordnerin*) pleurait aussi. Ala est partie à la caserne. Je me suis tout de suite allongée sur notre couchette [je me suis étirée de tout mon long], contente en quelque sorte que mon désir de dormir confortablement s'accomplisse. Mon évasion ratée m'avait complètement épuisée et je me suis endormie tout de suite. Une heure plus tard, Bebi qui faisait sa ronde m'a réveillée en disant : « Tu dors toute seule, Janka ? » Je lui ai répondu que c'était seulement pour cette nuit. Et Bebi est parti mais, quelques instants plus tard, une femme grimpait déjà sur ma couchette. Je lui ai demandé pourquoi, elle m'a dit que c'était Bebi qui l'avait envoyée. J'ai encore demandé pourquoi, car, jusqu'à présent, elle dormait dans le baraquement numéro cinq. Elle m'a dit : « C'est pas tes oignons, je dors ici et puis c'est tout ! », et elle a jeté le baluchon avec ses affaires sur ma couchette et a commencé à se déshabiller. Soudain, quelque chose est tombé de sa tête, rasée comme un homme, directement sur ma main. Je l'ai regardée avec dégoût. En réponse, elle m'a souri et m'a dit qu'après tout, c'était le camp, et que si je n'avais pas encore de poux, ça tenait du miracle. « Tu n'as pas regardé dans mes cheveux, mais au lieu de manger des bonbons, tu aurais mieux fait de t'acheter du *Cuprex*[144] comme moi, et vous n'auriez pas de poux non plus », je lui ai dit. J'ai ramassé mes affaires et celles d'Ala, je les ai posées sur la couchette d'Olga, et je suis sortie devant le baraquement. Il faisait froid et sombre, mais je ne ressentais pas le froid, j'ai même oublié le quartier « aryen » et l'exécution. J'étais très en colère contre Bebi, mais je ne pouvais rien faire. Cette femme partageait une couchette avec la fiancée d'un *Lagerpolizei* [Schuster] et, comme cette fiancée voulait dormir seule, Bebi avait dit à la femme d'aller dormir avec moi. C'était de ma faute, j'aurais dû être ferme, mais j'étais trop endormie. En tout cas, il était hors de question que je partage ma couchette avec cette femme. Dans les baraquements, on avait déjà éteint les lumières. J'ai commencé à trembler de froid et j'ai dû rentrer. Je me suis allongée sur la couchette de Lucy qui n'était pas encore rentrée de la cuisine. Les femmes se disputaient, Olga leur hurlait dessus en pleurant. Elle était très en colère parce qu'elle devait remplacer Lolka, une *Ordnerin* malade. Quand Lucy est rentrée, tout était déjà redevenu calme, et presque toutes dormaient. Olga s'est levée et elle est venue nous voir pendant que Lucy nous racontait des nouvelles en chuchotant. Le lendemain, les prisonniers de l'*Unterkunft* devaient être installés dans les baraquements du camp. Orland avec sa femme et Rysiek[145] aussi. Il n'y aurait plus de douches. Lolka était malade, elle était censée s'évader avec son *Lagerpolizei*. Ils avaient creusé un tunnel sous la guérite d'un *Askar* qui s'était laissé soudoyer à condition que Lolka parte aussi, mais finalement il s'est évadé sans elle.

---

144 Produit antiparasitaire à base de cuivre utilisé contre les poux.
145 Akser [N.d.e. 1946].

Quand Olga est partie, Lucy m'a dit à l'oreille : « Si tu connais quelqu'un, sauve-toi dès demain ! »

J'ai éclaté de rire en pensant à mon excursion de ce matin dans le quartier « aryen ». Lucy s'étonnait de me voir rire comme une hystérique. Alors, sans un mot, je lui ai montré mon carnet de dix tickets de tramway dont il ne restait plus que huit tickets valides, un souvenir de mon expédition. Lucy a éclaté en larmes. J'aurais voulu la consoler, mais avec quels mots ? Je la comprenais trop bien. Elle passait désormais par le pire, ce que j'avais vécu jusque-là : un combat contre soi-même. Ce qui encore la veille criait en moi « je veux vivre ! » s'était éteint après la visite chez ma tante. Ce quelque chose, c'était mon âme. Désormais, je n'avais plus d'âme et, réconciliée avec mon sort, je suis devenue une morte vivante. Moi, j'ai eu le courage d'aller du côté « aryen », mais Lucy en a peur, c'est la seule différence entre nous. Je la comprends. Elle avait été fiancée à un propriétaire terrien, pas loin de Lvov. Elle s'était fait dénoncer par une amie. Elle avait passé quatre mois rue Łącki. C'est Rysiek qui l'avait sauvée de la mort à *Piaski*. Elle ne connaissait personne de l'autre côté. Alors s'évader pour se faire tuer, il valait mieux se faire tuer dans le camp, avec Rysiek, Olga et les autres. J'ai caressé son gros chignon noir en essayant de la consoler, mais je n'arrivais pas, j'avais moi-même besoin de consolation.

La journée suivante a été très dure. Le matin, on a emmené les gens de l'hôpital à la mort, même ceux qui étaient juste venus se faire faire un pansement.

À l'heure du déjeuner, je suis allée manger au camp. Au réfectoire, en son nom et au nom des *Lagerpolizei*, Orland a prononcé les vœux suivants : « Je vous souhaite d'être libres au cours de cette nouvelle année ». En réponse, tout le monde s'est mis à pleurer. Toutes les femmes pleuraient et Orland pleurait aussi (avant la guerre, il avait étudié pour devenir rabbin). Nous nous serrions la main. Je suis allée voir Orland en lui souhaitant de vivre jusqu'au jour où il pourrait être fier de son fils. J'ai voulu pleurer, mais les larmes me restaient dans la gorge, je n'arrivais pas à les faire sortir. Le mot « liberté » me semblait lointain, inaccessible, je n'arrivais même pas à m'imaginer libre. Ensuite, nous sommes rentrées à la DAW. Il n'y avait rien à faire. Seul l'*Aufseher* était présent à l'atelier. Incapable de rester assise sans rien faire, je me suis échappée de l'atelier. Dehors, j'ai croisé M[agierowska]. Elle était là, méprisante, fière qu'on la garde à la DAW en tant qu'*Aufseher* après la fermeture de l'atelier « aryen ». En me voyant, elle a dit : « [Lida]¹⁴⁶ petite sotte, t'aurais pu passer les fêtes à Varsovie, mais si tu préfères attendre la mort ici, c'est comme tu veux ». « Est-ce qu'au lieu d'aller à Varsovie, je n'aurais pas atterri à *Piaski*, par hasard ? Hein ? » Je me suis enfuie sans attendre la réponse.

J'allais dans les différents ateliers en échangeant des vœux avec les gens que je rencontrais : « Vivre jusqu'à ce que tout cela se termine ! » ou « Liberté ! » Comme finalement j'en ai eu assez de répéter ces vœux irréalistes, j'ai continué en serrant les mains en silence. Presque toutes avaient des larmes aux yeux. Elles se souvenaient des fêtes passées dans leurs familles. Moi, je n'avais pas de souvenir de fêtes. Avant la guerre, chez nous mon père ne priait jamais et on n'allumait pas les bougies. C'est seulement le jour du jeûne que maman ne mangeait pas avec papa et moi. Exactement un an plus tôt, le jour du Nouvel An, je venais de rentrer à Lvov de Czarny Dunajec¹⁴⁷. Qu'est-ce que j'avais été heureuse d'être auprès de maman !

---

146 Lida renvoie au faux nom « aryen » de Janina, Lidia Wereszczyńska, qui aurait dû figurer sur la *Kennkarte*.

147 Le manuscrit de 1946 indique « Czarny Potok », comme dans le passage où Janina relate son « voyage » en Petite Pologne en septembre 1942. Les

Je suis retournée à l'atelier exactement au moment où le gong a retenti. Nous nous sommes dirigées par rangées de cinq vers la place d'appel. Le *Wäscherei* était rentré tôt. Je suis allée au baraquement. Madame Jakubowicz était assise à une table sur laquelle des bougies brûlaient. Autour se pressaient des femmes en larmes, toutes voulaient lui transmettre leurs vœux. Elle leur parlait calmement comme si son fils n'était pas enfermé dans le bunker. J'étais incapable de regarder cela et je suis sortie [montrer le *Frauenlager* à Rysia]. Dans d'autres baraquements aussi, les femmes pleuraient sur leurs couchettes.

On n'a pas arrêté de pleurer pendant deux jours. Deux jours plus tard, les évadés sont revenus au camp. Immédiatement, l'*Unterkunft* s'est remis à fonctionner, l'orchestre s'est remis à jouer, Jakubowicz est sorti du bunker et on nous a annoncé que les douches allaient reprendre comme avant. Les deux évadés ont pris cent coups de fouet chacun, puis ils ont été envoyés au sale boulot.

Vendredi, la veille du jeûne, à l'occasion des fêtes, il y a eu une beuverie dans le baraquement de l'*Unterkunft*. Nous en étions ravies et vendredi avant midi, avec les aides dont je partageais la table de travail, nous avons profité du fait que l'*Aufseher* soit absent toute la matinée pour organiser un concert dans un coin de l'atelier. Elza Kantorska chantait, Danka Buchholz sifflait, j'ai dansé un peu avec les autres, puis je me suis endormie sous la table. Plusieurs femmes de la DAW avaient été affectées à la cuisine et on se réjouissait à l'idée de manger une bonne soupe. En effet, Orland avait fait des efforts pour qu'on ait un déjeuner de fête. Il y avait une

---

éditeurs de 1946 ont « corrigé » par erreur. Czarny Dunajec se trouve en effet à soixante-dix kilomètres au sud-ouest de Czarny Potok : il s'agissait d'une bourgade beaucoup plus importante que le village de Cazrny Potok, près de Łącko.

soupe épaisse de haricots et de millet. En plus, à l'entrée du réfectoire, Orland avait distribué à chacune deux tranches de pain et une pomme. J'attendais avec délice le soir quand, après le retour au camp, je pourrais me coucher directement sans me laver, et avec le passage à l'heure d'hiver, dormir une heure de plus. Le lendemain, comme on était un samedi, on aurait une demi-journée de libre, et ensuite on irait aux douches ! Nous sommes rentrées bien après la tombée de la nuit, les femmes avaient allumé des bougies sur leurs couchettes et elles priaient en pleurant. Je me suis assise sur la couchette de ma voisine, qui avait allumé une bougie. En regardant sa bougie, je me suis mise à croire que Dieu voyait que malgré nos conditions de vie terribles, nous Le vénérions, et que peut-être, au dernier moment, [le] Dieu [des juifs] ne laisserait pas assassiner le peu d'entre nous qui restaient encore en vie.

Finalement, je suis allée me coucher. Ala m'a demandée si j'allais jeûner. Je ne savais pas quoi en penser. Le jeûne c'était en rapport avec la religion, en souvenir de la souffrance des Juifs sous le joug égyptien. Mais moi aussi, j'étais juive. Je ne voulais pas y penser davantage. Je sentais que sinon, j'allais de nouveau arrêter de croire en Dieu, alors que la foi, c'était l'espoir. J'ai décidé de jeûner.

De nouveau le réveil, l'appel, l'orchestre, comme tous les jours. Les ouvrières de la DAW se mettaient en colonnes pour aller aux douches. Frigorifiée, j'ai attendu deux heures pour qu'on nous compte dix fois et que la colonne se forme. Nous nous sommes mises à marcher sous une grosse escorte d'*Askars* et de *Lagerpolizei*. Le *Lagerpolizei* Borgen marchait en tête du cortège, ensuite les femmes *Ordnerin*. Nous marchions vite en chantant. Les passants s'arrêtaient pour nous regarder, et certains ont même suivi Lolka jusqu'aux douches. Naturellement, Borgen a frappé plusieurs femmes. Sans qu'on s'y attende, quelqu'un a riposté en lui mettant son poing dans la figure. C'était Kraut de la DAW (un Juif[148], officier, prisonnier de guerre). Les marchandes se pressaient autour de nous, mais, à cause des fêtes, personne n'achetait rien et l'ordre régnait comme jamais. Lorsque nous sommes arrivées aux bains, les femmes se sont jetées en direction de la porte en jouant des coudes et en se tapant dessus pour passer en premier. Le premier groupe est entré. Je ne voulais pas rester là à attendre ; j'avais de nouveau froid et mal aux jambes. J'ai demandé à un coiffeur que j'avais rencontré au réfectoire de l'*Unterkunft* – il était devenu *Ordner* entre-temps – de me laisser entrer par la porte principale. Quel bonheur c'était de se mettre sous une douche chaude ! Je me suis lavée et lorsque le premier groupe est sorti, et que le deuxième était en train de se déshabiller, je suis restée seule sous ma douche chaude avec délice. Je n'avais pas envie de partir pour me retrouver serrée comme une sardine dans le hall avec les autres femmes. J'ai attendu dans un coin que le deuxième groupe s'en aille, et je suis de nouveau retournée sous la douche. Les femmes se battaient, se pressaient, dix par douche. Un *Askar*, ou bien un Allemand, a dû entrer à plusieurs reprises en distribuant des coups à droite et à gauche pour que le calme revienne. Après les douches, on nous a comptées de nouveau. Mademoiselle Frania, car c'est ainsi que nous appelions Borgen, jouait abondamment de son fouet. Son extrémité m'a caressé le dos plus d'une fois, mais je n'ai rien laissé voir. Ce qui était le plus douloureux pour moi c'est que c'était un Juif qui me frappait. Au retour, c'était le désordre. Les *Askars* tiraient en l'air pour faire peur [aux Aryennes], tandis que le fouet de mademoiselle Frania travaillait sans relâche à tel point qu'un des *Askars* a dû prendre la défense d'une femme. Il s'est mis à se disputer avec mademoiselle Frania.

---

148 « Un Juif » : ajout de 1946.

Une fois de retour au camp, nous sommes tout de suite allées au réfectoire. Devant, il y avait une marmite avec la soupe, mais personne n'en a pris. Orland nous a enfermées au réfectoire. Dix hommes sont rentrés et se sont mis à prier avec Orland. Plusieurs femmes ont sorti la feuille avec la prière pour les morts, d'autres pleuraient. Au lieu de pleurer ou prier, je me suis de nouveau mise à douter. Étions-nous en train de nous voiler la face ? Pourquoi ce jeûne ? Après tout, y a-t-il un Dieu ? Et, de nouveau, j'ai arrêté de croire.

Je suis retournée au *Frauenlager*, mais je n'avais pas faim et je me suis endormie. Je me suis réveillée à quatre heures et, avec Ala, nous avons mangé nos tranches de pain avec de la saucisse. J'étais la seule dans le baraquement à rompre le jeûne. Ala et Olga ne jeûnaient pas. Rassasiée, je suis retournée dans mon lit avec délice, et j'ai dormi jusqu'au matin.

Il avait commencé à faire froid pour de bon. L'orchestre jouait de nouveau. L'*Unterkunft* fonctionnait. [À partir de ce moment-là], je n'arrivais pas à dormir la nuit, et je tremblais tout le temps de froid. Wahrman et madame Grün[149] me consolaient en disant que je retournerais encore du côté « aryen » et que j'irais un jour à Cracovie. Je ne les croyais pas. Mon état d'esprit ne changeait pas. Je n'arrivais pas à imaginer que quelqu'un puisse se préoccuper de mon sort au point de vouloir me sauver. Les gens ne sont-ils pas de gros égoïstes ? Qui aurait voulu risquer sa vie pour une quelconque Janka Hescheles, qui n'avait manqué de rien avant la guerre ? Gratuitement, en plus ?

J'étais de plus en plus mal, sans aucune force, sans aucune volonté de vivre. Les derniers mots de ma mère me revenaient sans cesse : « Supporte la souffrance avec courage pour ta

---

149 Helena Grün, l'épouse du poète Yerachmiel Grün, elle-même poète.

mère ». C'étaient ces paroles qui me tenaient en vie tant
bien que mal. Encore que parfois je les oubliais. Parfois,
j'en voulais à maman. Souvent, j'avais des frissons et mal
au cœur. J'ai demandé au docteur Herzl, un médecin que je
connaissais, de m'ajouter à la liste des malades pour pouvoir
passer la journée dans le baraquement. Le soir, je suis allée au
Waschraum. Les ouvriers de la DAW rentraient du travail. D'un
seul coup, Rena[150] s'est précipitée vers moi, m'a entraînée sur
le côté et m'a dit à l'oreille : « Boruchowicz nous emmène à
Cracovie. On part demain ! »

J'entendais ce qu'elle disait, mais ses paroles ne
m'atteignaient pas. Les hommes rentraient du travail. Nous
sommes allées au-devant du cousin de Rena et de Wahrman.
Wahrman m'a dit qu'il fallait qu'on soit toutes les deux le
lendemain à quatre heures devant la pharmacie au coin des
rues Słoneczna et Szpitalna. Qu'il fallait qu'on tienne un
journal à la main. Qu'on aille rejoindre une dame au manteau bordeaux et qu'on prononce le prénom : « Bronek[151] ».

Le lendemain, c'était un mardi, je suis allée à l'heure du
déjeuner faire mes adieux aux Jakubowicz. Bumek était là
aussi. Il m'a encore répété qu'il fallait que je sois courageuse
et qu'il ne fallait pas avoir peur. En sortant de la DAW, je
n'avais pas peur, mais je me sentais comme assommée. Je
croyais être dans un rêve. J'avais sommeil, je ne disais pas
grand-chose. Je marchais aux côtés de Rena et des cuisiniers
de la caserne qui allaient aux douches, rue Szpitalna. Zośka
Mechanik chantait : « *Ich fuhr a heim*[152] », « je rentre chez
moi ». Moi, j'avais l'impression d'entendre : « je rentre chez
moi, je reviens à la vie ». Derrière nous marchaient Eisenberg,
Dubs et Oleś, un *Werkordner*. La colonne a tourné dans la

150 Rena Aidem appelée plus tard Elżbieta.
151 Du prénom de Wahrman, Abraham, qui s'abrège en « Bronek » et « Bumek ».
152 Une chanson populaire yiddish [N.d.e. 1946].

rue Rappaport, et nous, nous avons continué tout droit en descendant la rue Janowska. Sur place, Ziutka[153] nous attendait. Nous sommes allées rue Wierzbicki. Là, il y avait déjà Bumek qui nettoyait son blouson avec du lait. Bumek nous a donné l'adresse de l'endroit où nous devions passer la nuit. C'était chez madame Winiarska. Entre-temps, j'étais devenue Marysia, et Rena s'appelait désormais Elżbieta. Quand nous nous sommes retrouvées au lit, nous nous sommes embrassées de joie.

Mercredi soir, nous avons fait nos adieux à madame Winiarska. Ziutka est venue nous chercher, elle nous a dit que Bronek était déjà parti. Après que nous nous fûmes évadées, moi, Rena, Hala et le cousin de Rena, personne n'a eu d'ennui dans le camp. Après que Bronek s'est évadé, un de ses camarades de l'équipe de cinq a été enfermé dans le bunker, mais il a réussi à s'en sortir en graissant la patte à quelqu'un. Elżbieta n'arrêtait pas de me donner des ordres : « On y va, Marysia », « plus vite, Marysia », « assieds-toi, Marysia », « lève-toi, Marysia ». Je m'exécutais comme un automate, comme si j'étais un enfant de trois ans qui obéissait à sa nourrice. Une fois dans le train, je ne croyais pas encore que j'allais vers la vie, à Cracovie. J'avais l'impression d'entendre le brouhaha des voix de femmes dans le baraquement ou d'entendre Olga Grünfeld (une *Ordner*) et Bebi crier pour qu'il y ait du calme.

À Cracovie, nous avons rencontré Maks[154]. Monsieur S. m'avait demandé de le saluer de sa part, mais j'ai oublié. Après, nous avons envoyé un télégramme à Bronek. C'est ainsi que nous nous sommes séparées Elżbieta et moi. Au moment de nous quitter, elle m'a embrassée et moi, je lui ai serré machinalement la main.

---

153 Ziuta (Ziutka) Rysińska : agent de liaison du Conseil d'aide aux Juifs à Cracovie [N.d.e. 1946].
154 Borwicz [N.d.e. 1946].

Madame Ziutka m'a emmenée chez monsieur Mietek[155].
J'avais l'impression de rêver et n'arrivais pas à comprendre
où j'étais. Je n'arrivais pas à croire que je me couchais dans
un lit, dans une chambre et que personne n'interromprait
le silence.

---

155 Mieczysław Piotrowski, membre du Conseil d'aide aux Juifs de Cracovie
    [N.d.e. 1946]. Sur Mietek Piotrowski (Mordechaï Peleg) voir la postface.

ÉPILOGUE

Le quotidien de la communauté juive à Lvov, depuis l'invasion allemande de la ville le 30 juin 1941 et jusqu'aux quelques semaines qui précèdent le démantèlement du camp Janowski en novembre 1943, est relaté dans les pages que l'on vient de lire, les mémoires de ma vie à douze ans. Y sont évoquées des personnes qui ont joué un rôle prépondérant dans la vie de la communauté. Le docteur Józef Parnas, alors âgé de soixante-dix ans, fut le premier président du *Judenrat*. Il demeura en charge à peine quatre mois, et refusa de livrer des jeunes hommes pour travailler au camp. Il fut arrêté et fusillé. Son successeur, le docteur Adolf Rotfeld, qui était dans un état de santé précaire, décéda de mort naturelle après avoir exercé ses fonctions pendant quatre mois seulement aussi. Le troisième président du *Judenrat*, l'avocat Henryk Landesberg, fut pendu par l'occupant.

Le docteur Maksymilian Kurzrok, qui dirigeait en parallèle l'hôpital du ghetto et l'hôpital du camp Janowski, est également cité à plusieurs reprises. Pouvant se déplacer librement entre ces deux lieux, il profitait de sa fonction pour approvisionner le camp en médicaments. Ce n'est qu'à l'approche du démantèlement du ghetto, alors que son rôle d'agent de liaison allait prendre fin, qu'il décida de s'évader, tout en essayant de sauver les jeunes employés de l'hôpital. Munis de faux papiers, les employés devaient rejoindre les brigades composées de Polonais et d'Ukrainiens qui travaillaient pour les fortifications défensives à Dniepropetrovsk. Son projet échoua. Pecherz et Szwadron, deux Juifs au service de la Gestapo, reconnurent Kurzrok à la gare ferroviaire de Lvov et dénoncèrent le groupe.

Auparavant, également soucieux du sort des employés plus âgés et chargés de famille, Kurzrok avait installé une cachette dans la cave de l'hôpital, dans l'espoir de pouvoir les y abriter durant la liquidation du ghetto. Au bout de plusieurs semaines, à court de moyens de subsistance, les employés se rendirent aux autorités allemandes et furent conduits au camp. Avant d'être exécutés, ils prirent tous ensemble du poison. Parmi eux se trouvait ma mère.

Je mentionne également Ryszard Akser, Bronek Jakubowicz et Abraham Wahrman. Akser et Jakubowicz étaient employés au bureau technique du camp Janowski (l'*Unterkunft*). Affectés à des tâches moins pénibles que la majorité des détenus, ils avaient mis en place, avec la participation de certains *Ordners* (qui veillaient au maintien de l'ordre dans le camp), un plan d'entraide dont devaient profiter de nombreux détenus. Le jour de son arrivée au camp, chaque détenu passait se faire enregistrer au bureau technique. On m'avait demandé ma date de naissance. J'avais répondu : 1931. Akser avait noté : 1929. Il rajoutait des années aux plus jeunes, en enlevait aux plus âgés, les sauvant ainsi de la mise à mort immédiate. Profitant de leur situation dans le camp, Akser et Jakubowicz réussirent à sauver plus d'une vie. Akser refusa toujours les propositions d'évasion, et préféra rester dans le camp pour aider ses codétenus. Il fut tué lors du démantèlement du camp. Abraham (Bumek) Wahrman, membre de Hashomer Hatzaïr, un mouvement de jeunesse juive et sioniste de gauche, avait œuvré dans un réseau de résistance, d'abord dans le ghetto, puis dans le camp. Il avait réussi à se procurer des revolvers auprès de soldats italiens. Il finit par s'évader du camp, mais il fut arrêté et tué du « côté aryen ».

Mon père venait d'une famille de Juifs assimilés. Il était rédacteur en chef de *Chwila*[1] *[Le Moment]*, un quotidien juif qui paraissait en polonais avant la guerre. Ma mère, jardinière de son métier, enseigna un certain temps l'hébreu. Plus tard, elle suivit également une formation d'infirmière. Sa famille parlait le yiddish et observait la tradition.

En septembre 1939, mon père et son frère Mundek, lui aussi journaliste à *Chwila*, fuirent Lvov devant l'arrivée des Allemands. Ils étaient persuadés que ces derniers ne feraient de mal ni aux femmes ni aux enfants. Les deux frères réussirent à passer en Roumanie et c'est à Bucarest qu'ils apprirent que ce n'étaient pas les Allemands qui étaient entrés à Lvov, mais les Soviétiques. Mon père rebroussa chemin. Arrêté par les Soviétiques à la frontière, il fut pendant un temps incarcéré à Lvov dans la prison Brygidki, rue Kazimierzowska, puis il fut transféré en territoire soviétique. Ce fut une période difficile pour ma mère. Elle apportait des colis pour mon père à la prison et, souvent, elle rentrait épuisée, le colis dans ses mains. Trois mois avant l'invasion de l'URSS par les Allemands, mon père revint chez nous. Au moment de l'invasion allemande, en se retirant de Lvov, les Soviétiques mirent le feu à toutes les prisons dans la ville, ce qui entraîna la mort des détenus. Cet événement servit aux Ukrainiens de prétexte pour déclencher le pogrom qu'on a appelé « l'action des prisons ». C'est lors de ce pogrom que mon père mourut, dans cette même prison où il avait été incarcéré sous les Soviétiques. Les premières pages de mes mémoires, qui racontent le retour de mon père et la période où nous fûmes de nouveau réunis, n'ont été incluses

---

1 *Chwila* était un quotidien extrêmement populaire, avec deux éditions le matin et le soir. Il avait été fondé en 1919 par Gerszon Zipper, beau-frère de mon père (le mari de sa sœur) peu après le pogrom de 1918. Le journal avait un supplément littéraire très prisé également parmi les non-Juifs et un supplément pour les enfants, *Chwilka*, « *Le Petit Moment* ».

ni dans l'édition polonaise de 1946, ni dans la plupart des traductions récentes. Il me semble très important qu'elles figurent dans l'édition française (ainsi que dans l'annexe de l'édition polonaise parue en 2015).

Mon oncle n'était pas rentré de Roumanie. Sa compagne, non juive, et ses deux filles étaient restées à Lvov. Ses filles, des demi-Juives, des *Mischlinge* d'après la nomenclature nazie et donc des personnes d'ascendance juive « au premier degré », étaient directement menacées de mort. Ma tante avait été victime de chantage. Pour protéger ses enfants, elle disait que Mundek n'était pas leur père. Par conséquent, ma présence dans sa maison pouvait mettre ses filles en danger. Ce fut sans doute la raison pour laquelle elle me chassa de chez elle à plusieurs reprises. J'étais trop jeune pour comprendre son comportement et la façon dont je l'ai décrite dans mes mémoires était injuste. Dix-huit ans plus tard, lorsque je suis moi-même devenue mère, j'ai compris que, pour protéger mes enfants, j'aurais peut-être fait de même.

Après les pogroms (les massacres spontanés des Juifs par les Ukrainiens) commença la période des « actions » (les massacres planifiés par les Allemands). Mes mémoires constituent une chronique de ces événements, durant lesquels ma famille a été décimée.

Comme souvent, c'est le hasard qui décide du destin, qu'il soit individuel ou collectif. À plusieurs reprises, ma mère avait essayé de me mettre à l'abri du « côté aryen » de la ville. À chaque fois, cela se terminait par un chantage et je retournais dans le ghetto. C'est pourtant dans le camp Janowski, où l'on ne pouvait espérer aucun secours que, grâce aux poèmes que je récitais dans le baraquement des femmes, je rencontrai Michał Borwicz, un détenu écrivain et poète[2]. Les *Ordners*

---

2   Ses poèmes sont notamment réunis dans son anthologie *Pieśń ujdzie cało… Antologia wierszy o żydach pod okupacją niemiecką*, Centralna Żydowska

de notre baraquement avaient attiré son attention sur moi. C'est à lui que je dois la vie, ainsi qu'à de nombreux Polonais courageux. Dans le camp Janowski, Borwicz s'employait à développer une activité culturelle qui avait pour but de redonner aux détenus du courage face au génocide. Borwicz était originaire de Cracovie. Lorsque la guerre avait éclaté, en 1939, il se trouvait à Lvov et s'était retrouvé coupé de ses amis de Cracovie, alors occupée par les Allemands. Ses amis, membres du Parti socialiste polonais, s'étaient engagés dans un réseau de résistance dès les premiers jours de la guerre. Quelques membres de ce groupe étaient juifs, avec de faux papiers, et liés au Conseil d'aide aux Juifs, Żegota, qui avait été fondé par des organisations polonaises clandestines. En 1941, après l'invasion allemande des territoires soviétiques, les amis de Borwicz réussirent à le retrouver au camp Janowski, et organisèrent son évasion[3]. Borwicz avait alors insisté pour qu'ils sauvent d'autres personnes. J'eus la chance de me trouver parmi elles.

Accueillis dans une famille à Lvov, nous changeâmes de vêtements et reçûmes de faux papiers. Puis Ziuta Rysińska[4], une agente de liaison âgée de dix-huit ans, nous accompagna à Cracovie. Nous passâmes les premières nuits chez Maria Hochberg-Mariańska (connue plus tard sous le nom de Miriam Peleg)[5], qui était chargée de nous trouver un abri, l'une des tâches les plus difficiles. On me logea chez Wanda Janowska (qui épousa ensuite Władysław Wójcik), une esthéticienne, qui était aussi une activiste de Żegota. Le jour, elle recevait

---

Komisja Historyczna w Polsce, Varsovie 1947, p. 270-273.

3   C'est surtout grâce à Mieczysław Piotrowski (Mordechaï Peleg, dit Ben-Zwi), un agent de liaison de Żegota entre Cracovie et Lvov, que Borwicz avait pu être localisé.

4   Ziuta Rysińska, agent de liaison de Żegota, fut arrêtée lors de l'une des « actions » et déportée au camp de Płaszów, puis à Auschwitz.

5   Sur Maria Hochberg-Mariańska (Miriam Peleg), voir postface p. 130-131.

ses clientes dans son appartement, le soir, on fabriquait chez elle de faux papiers.

Trois semaines après mon évasion, Mariańska m'apporta des cahiers et un crayon en me proposant d'écrire mes souvenirs. Le manuscrit fut caché et soigneusement gardé tout au long de la guerre. Il fut ensuite placé dans les archives privées de Borwicz qui les transmit en 1981, avant sa mort en 1987, aux archives de la Maison des Combattants des ghettos.

À Cracovie, j'ai plusieurs fois changé d'adresse. Mon dernier refuge pendant la guerre fut l'orphelinat de Jadwiga Strzałecka[6], qui, après l'échec de l'insurrection de Varsovie en 1944, fut déplacé à Poronin, dans les Tatras polonaises[7]. Une vingtaine d'enfants juifs y séjournaient et des femmes juives y avaient aussi trouvé un abri en travaillant parmi les employés. À la fin de la guerre, l'orphelinat déménagea à Sopot. J'y restai jusqu'au baccalauréat. C'est là que je reçus une lettre de ma tante Mania, la sœur de mon père, qui vivait à Jérusalem. Elle m'écrivait qu'elle aurait été heureuse de m'accueillir chez elle, que sa maison deviendrait ma maison. Cette lettre fit renaître des souvenirs de ma famille, que j'avais perdue, et éveilla la pensée de celle que je ne connaissais pas encore.

Les années de l'immédiat après-guerre furent en Pologne une période de grand espoir. On pensait qu'un monde meilleur allait voir le jour. L'avenir s'ouvrait devant la jeunesse ; on pouvait choisir la voie et les études que l'on désirait. Après le baccalauréat, en 1950, je partis en Israël avec la vague d'immigration légale. Israël était encore un pays pauvre. Les nouveaux arrivants étaient installés dans des camps pour

---

6   Jadwiga Strzałecka a sauvé des dizaines d'enfants juifs ainsi que des femmes juives employées comme éducatrices dans son orphelinat.

7   Quand l'orphelinat se trouvait encore à Varsovie, il avait été visité par les Allemands qui avaient effectué des « tests anthropologiques » pour détecter les enfants juifs. Ils n'en avaient trouvé aucun…

immigrés *(Ma'abarot)*. Nous vivions sous des tentes ou dans des baraquements en tôle.

Un soir – je vivais encore dans le camp de transit pour immigrés *Chaar Haaliya* (« la porte de l'immigration ») –, je me rendis à Jérusalem pour rencontrer ma tante Mania. Je frappai à sa porte, mais personne ne vint m'ouvrir. Une voisine me dit que ma tante se trouvait à l'hôpital *Bikour Kholim*, atteinte d'un cancer. J'allai la voir à l'hôpital le soir même. Elle me reconnut tout de suite, elle me prit la main et la serra contre ses lèvres. « Je suis heureuse de te voir », murmura-t-elle. Je scrutai son visage, en cherchant un air de ressemblance avec mon père. Ses yeux gris avaient la même teinte. Ce fut la première et la dernière fois que je la vis.

Je suivis un cours d'hébreu de six mois dans un *Oulpan*, une école de langue, au sein d'un kibboutz. Les deux années suivantes furent consacrées au service militaire obligatoire. Mon hébreu insuffisant me fit renoncer à l'idée de faire des études littéraires. Je décidai alors d'étudier la chimie au *Technion*, l'Institut technologique d'Israël à Haïfa, en travaillant en même temps pour payer mes études. J'habitais à *Beth ha Halucot* (la « maison pour les femmes seules »). Nous étions quatre ou cinq par chambre, tout ce que nous possédions tenait sous notre lit. La dernière année de mes études, j'obtins un poste d'enseignant-chercheur. C'est alors que je rencontrai Kalman, un jeune enseignant en physique. La guerre du Sinaï en 1956, pendant laquelle Kalman fut mobilisé, joua un rôle de catalyseur dans nos relations. Notre premier fils, Eitan, naquit, alors que je terminais mon *Master of Science* et le second, Tzvi, quand j'achevais mon doctorat.

Après avoir soutenu la thèse de doctorat, je partis avec mon mari et mes enfants à Londres à l'Imperial College. La nuit, lorsque mes enfants dormaient, je pouvais me consacrer à l'écriture, désormais en hébreu, d'un roman évoquant mon passé. Ce livre, intitulé *Hem od Chayim* (*Ils sont toujours en vie*[8]), obtint en 1967 un prix dans un concours littéraire organisé par l'Association des éditeurs et des compositeurs.

Durant ma carrière professionnelle de chercheuse, j'ai été amenée à travailler au *Technion* à Haïfa, à l'Institut Weizmann à Rehovot et à l'université Ludwig Maximilian de Munich. C'est un grand privilège pour moi d'avoir fait partie du monde de la chimie de la seconde moitié du XXᵉ siècle.

J'ai mis fin à ma carrière professionnelle à l'âge de soixante-cinq ans. Je me suis alors consacrée à la question qui m'avait toujours poursuivie : comment avait-il été possible que le régime nazi, qui avait mis à genoux toute l'Europe, ait pu voir le jour justement en Allemagne, ce pays qui, avant la guerre, pouvait s'enorgueillir d'une élite scientifique de renommée mondiale et où l'assimilation des Juifs était la plus avancée en Europe ? En même temps, j'étais fascinée par ceux qui, en Allemagne même, avaient eu le courage de résister au nazisme. En 2007, au terme de dix ans de travail, fut publié en Israël mon ouvrage *La Rose blanche. Étudiants et intellectuels en Allemagne avant et après l'ascension de Hitler*[9].

L'historien anglais du XVIIIᵉ siècle Edward Gibbon a écrit que « l'histoire humaine n'est rien d'autre qu'un registre des crimes, des folies et des infortunes de l'homme ». Yeshayahou Leibowitz, le scientifique et philosophe israélien, ajoute : « L'histoire humaine est aussi un combat contre les crimes, contre les folies et contre les infortunes de l'homme. Que l'homme en sorte vainqueur n'est pas garanti, mais c'est de ce combat que sont remplies les pages les plus lumineuses de l'histoire humaine. »

---

8   Le livre est paru sous le pseudonyme Tzvia Eitan, Tel Aviv, Alef, 1969.
9   Janina Altman, *Havered Halavan* (en hébreu), Haïfa, Pardes, 2007. La première partie de cet ouvrage a été publiée en allemand en version électronique : Janina Altman, *Naturwissenschaftler vor und nach Hitlers Aufstieg zur Macht*, Kindle, Amazon.de, 2013.

L'horloge biologique avance, affaiblissant la vue et l'ouïe, effaçant la mémoire. La génération de ceux qui ont survécu à la Seconde Guerre mondiale tend vers sa fin naturelle. Comme tant d'autres vieilles personnes, mes pensées se dirigent vers la ville de mon enfance, vers les personnes qui me sont restées proches, avec le sentiment qu'ils restent une partie intégrante de la douloureuse histoire humaine, que l'on n'oubliera pas. Or, aujourd'hui, « mon » Lvov se trouve partout où on déstabilise la vie, où les gens perdent leur famille, où on les chasse de leurs villes ou de leurs villages natals. Je le reconnais dans les maisons abandonnées, aux portes et aux fenêtres murées dans les ruelles de la vallée de Wadi Salib à Haïfa. Ses habitants les ont désertées sous la pression et l'intimidation pendant la guerre de 1948. Mon imagination reconstitue les scènes du passé : des gens affolés qui dévalent à la hâte un étroit escalier de pierre qui mène vers le port. Des tirs fusent au-dessus de leurs têtes. En bas attendent les bateaux qui vont les emmener vers l'inconnu. L'histoire a connu plusieurs déplacements de populations, mais notre passé tragique ne nous donne pas le droit, en Israël, de confisquer des terres, de détruire des maisons, d'arracher des champs d'oliviers entretenus pendant des générations. C'est faire peu de cas de la Shoah que d'agir ainsi. Au contraire, notre avenir au Proche-Orient dépend de notre capacité à mettre en place des conditions qui nous permettent de vivre ensemble, sans le retour cyclique des violences et des guerres. Les cris de manifestants « Juifs et Arabes refusent d'être ennemis ! » me donnent du courage et m'insufflent de l'espoir.

Janina HESCHELES
ALTMAN
Haïfa, septembre 2015

ANNEXE 1

Fragments inédits des cahiers de 1943

Comme les éditeurs de 1946 le soulignaient dans leur introduction, le manuscrit originel de Janina Hescheles était composé de deux ensembles, correspondant à deux jets d'écriture : le premier portait sur les derniers mois du camp ; le second, plus développé, repartait des « premiers jours de l'occupation allemande à Lvov », et se trouvait donc « répéter des faits déjà mentionnés dans la première [partie] ». Les éditeurs affirmaient avoir « décidé de supprimer la fin de la seconde partie ». En réalité, leur travail a été plus complexe, puisqu'ils ont quand même gardé quelques paragraphes de cette fin de seconde partie et les ont insérés par fragments dans la partie écrite d'abord sur Janowski : nous avons intégralement restitué cette opération dans le texte qui précède.

Par ailleurs, les éditeurs de 1946 n'ont pas utilisé toute la première partie sur Janowski, dont certains passages n'étaient pas assez explicites, et ont alors préféré conserver la rédaction du second jet. Les pages qui suivent présentent les quatre principaux passages inutilisés en 1946, dont l'incipit de la première partie, qui corres- pond donc, chronologiquement, aux toutes premières pages écrites par Janina dans la clandestinité. On verra qu'elle avait alors adopté un ton tragique et solennel, que les éditeurs n'ont pas souhaité conserver. Les autres fragments présentent des détails qui ont été omis dans l'édition de 1946, ou qui se trouvent présentés autrement.

JLC et LP

DÉBUT DU PREMIER JET

Je veux raconter les derniers jours des naufragés de Drohobycz, Żółkiew, Włoczowa, Tarnopol et Lvov.

Tous ceux qui ont été arrêtés à Drohobycz pendant l'action, on les a emmenés à Lvov, à *Piaski. Piaski* c'est un lieu d'exécution. Avant qu'on les ait fusillés, ils attendaient leur tour assis sur la même place où, plus tard, on a construit le *Frauenlager.* Wilhaus, le commandant du camp, est venu voir les condamnés. Il a repéré des jeunes filles remarquablement belles et il les a sauvées. (La plus jolie, Tusia, est devenue une *Werkordner.*)

Pendant la liquidation des Juifs à Żółkiew, on a sélectionné cent femmes qu'on avait emmenées au camp (Lili qui était la plus jolie est devenue une *Ordner* et une autre fille contremaîtresse). Une partie d'entre elles sont allées travailler au *Wäscherei* et une autre à la DAW. Parmi les gens de Zloczow, seuls ceux qui travaillaient à la Wehrmacht ont été amenés. Les hommes faisaient des travaux physiques dans le camp et les femmes travaillaient dans les ateliers de la DAW (Borgen, leur contremaître, est devenu l'adjoint d'Orland).

Le *Zwangsarbeitslager* de Tarnopol a été liquidé et les détenus amenés au camp de Lvov. On a gardé les plus forts, les autres ont été exécutés.

À Lvov, il y avait d'abord le ghetto A et le ghetto B. Dans le ghetto A, il y avait seulement les gens qui avaient du travail et, dans le ghetto B, ceux qui ne travaillaient pas. Après, le ghetto B a été liquidé, les habitants ont été brûlés dans les maisons place Klepper. Les habitants du ghetto A ont été marqués avec les lettres « W » et « R ». Le ghetto s'est ensuite transformé en *Jüdischer Arbeitslager*, en abrégé le

Julag. On n'avait le droit d'habiter que dans les maisons qui appartenaient à l'employeur, appelées la caserne.

Le travail commençait à six heures ; à cinq heures c'était l'appel devant Grzymek. Au moment de quitter le *Julag* pour aller travailler en ville, un orchestre composé de miliciens juifs jouait. Les coiffeurs se tenaient derrière Grzymek qui tirait des gens de la colonne en marche, les coiffeurs leur faisaient une croix sur la tête et après, Grzymek les frappait avec son fouet.

Il y avait une institution : la DAW (*Deutsche Ausrüstungswerke*), une clôture la séparait du camp. C'étaient des ateliers où on fabriquait des uniformes, des manteaux, des uniformes de travail, des sous-vêtements, des chaussons, des chaussures en bois, des chaussures, il y avait un atelier de confection où l'on fabriquait à la machine et à la main des pulls et des chaussettes pour les envoyer au front, il y avait un atelier de métallurgie, de menuiserie, de cartonnage, des garages où l'on réparait des voitures et un labo photo. Les employées de la DAW portaient les mêmes bouts de tissus que dans le camp sauf que, dans le camp, ils n'étaient pas tamponnés.

Au bout de quelques mois, on devait liquider le *Julag*.

La dernière fois qu'on avait quitté le *Julag*, c'était horrible. Les mères faisaient leurs adieux à leurs enfants sachant que, le lendemain, elles ne seraient plus en vie.

À la DAW, on était censé choisir cinq cents femmes pour aller à la caserne. Uniquement celles qui avaient de l'argent ou étaient pistonnées pouvaient y trouver une place. À l'époque, on était seulement en train de construire les baraquements pour nous dans le camp. Pendant deux semaines, on a dormi comme on pouvait à l'atelier, sur des tables ou par terre.

DESCRIPTION DU CAMP JANOWSKI
(Fragment du premier jet)

La plupart des informations de ce passage apparaissent, mais présentées autrement, dans la seconde version écrite par Janina. Certains noms propres ne sont toutefois mentionnés qu'ici.

Il y avait plusieurs *Werkordnern*. L'un d'eux était de service à la caserne, les autres aux *Gelände*. Au milieu des *Gelände*, il y avait un banc pour frapper les gens, à côté il y avait deux *Werkordnern* qui frappaient avec leur fouet la victime arrêtée à cause d'un petit délit ou parfois même innocente. S'ils ne frappaient pas correctement, c'était Melchior lui-même qui faisait des bleus et des blessures à sa victime et, après, le *Werkordner* en question se prenait vingt-cinq coups de fouet.

Devant la porte qui donnait sur la rue, il y avait Schichman et un *Askar* et, devant la porte qui menait au camp, un *Werkordner* et de l'autre côté un *Askar*.

Quand on entrait, tout de suite à gauche, il y avait le *Wäscherei* et l'entrepôt. C'est l'Allemand Blum qui en était le chef. Madame Jakubowicz, une Juive, était chef du *Wäscherei* et Schlaicher et Babilt étaient chefs de l'entrepôt. À droite, il y avait deux maisons à un étage pour les employés de l'*Unterkunft*. Derrière les maisons de l'*Unterkunft*, il y avait une ruelle avec les villas des *Wachman*. La ruelle tournait vers le mur qui nous séparait de la rue, nous dépassions la porte, des deux côtés de la porte, il y avait deux colonnes, à l'extérieur il y avait un panneau avec écrit dessus « *Zwangsarbeitslager* » et, côté camp, il y avait une porte qui menait au bunker où on enfermait des gens ou plutôt où s'étouffaient les gens qu'on avait arrêtés du côté aryen.

Un peu plus loin, il y avait le bureau de l'*Unterkunft*, en face : plates-bandes et fontaine. Ensuite une grande place. Le long de la place, il y avait des garages et, au bout, le baraquement des *Askars* et leur cuisine. En face, la porte d'entrée. Devant la porte, une guérite de contrôle avec dedans les Juifs Striks, Akser et Weinreb. Quand on traversait la porte, on arrivait sur la place d'appel dans le camp pour hommes. Le long de la place, il y avait des baraquements pour hommes. Des couchettes à quatre niveaux, chacune pour cinq personnes, jusqu'au toit. Au bout, il y avait la cuisine, le baraquement de l'orchestre et le *Waschraum*. Derrière les baraquements, il y avait une autre place où les femmes venaient chercher leur soupe et le réfectoire. Le camp des hommes était séparé du camp des femmes par des barbelés. La DAW était séparée du camp par des barbelés, il y avait des barbelés côté collines, là, il y avait un ravin de sable qu'on appelait le ravin de la mort. De l'autre côté, il y avait la voie ferrée. À distance régulière, il y avait des miradors avec les *Askars* qui avaient des mitrailleuses. La nuit, les projecteurs balayaient le camp tout le temps. Dans le camp pour femmes, il y avait huit baraquements. Chaque baraquement était divisé en trois avec des cloisons. Dans chaque compartiment dormaient soixante-quatre femmes. Il y avait trente-deux couchettes à deux niveaux pour deux personnes. Dans chaque baraquement, il y avait deux *Ordners* qui faisaient le ménage dans la journée et qui veillaient à l'ordre dans le baraquement. Dans le camp pour hommes, il y avait des *Ordners* aussi. La journée, les musiciens les aidaient. Les miliciens du camp les surveillaient et nous surveillaient. Wurm était le *Vorlager* milicien, Bebi était le *Lagermilicien* et commandant du camp pour femmes, Orland était commandant du camp, Borgen était son adjoint, Borgen était très gros et en plus c'était un mouchard qu'on détestait tous et qu'on appelait « mademoiselle Frania ».

LE SUICIDE COLLECTIF
(Fragment du premier jet)

Il s'agit du seul passage où la mort de la mère de Janina est explicitement évoquée. La seconde version, retenue par l'édition de 1946, est plus elliptique.

Une fois par semaine, on changeait de sous-vêtements au moment d'aller à la douche, les chaussures c'était de temps en temps quand on avait besoin. On m'avait épargné les deux premières semaines du camp quand je dormais à l'atelier, quand ils ont fait venir ma mère et les autres employés de l'hôpital. La plupart des employés avaient du cyanure, ma mère aussi. Tous ceux qui l'avaient se sont allongés en cercle et ont pris du poison.

SCÈNES DE JANOWSKI
(Fragment du premier jet)

Un jour, on s'est mis à paniquer comme quoi les prisonniers qui travaillaient au moulin allaient être casernés à côté du moulin. La chaleur était accablante.

La nuit, les poux et la chaleur étouffante nous empêchaient de dormir. Je sortais derrière le baraquement pour rejoindre quelques femmes courageuses qui, en chemises de nuit, s'asseyaient dans une clairière. L'une d'elles chantait. Intrigués, les *Askars* balayaient la clairière de la lumière des projecteurs et les étoiles et la lune semblaient écouter nos chansons tristes qui racontaient notre sort malheureux. On voyait les flammes rouges qui jaillissaient des cadavres à *Piaski* et la puanteur empoisonnait l'air. Quand le *Wachman* passait, nous nous sauvions effrayées dans les baraquements. Après, on nous a permis de dormir dehors sur le sable.

Beaucoup de femmes avaient la gale. Une sur deux en souffrait. Au début, on pouvait aller à l'hôpital mais là, plusieurs fois par semaine, on emmenait les gens de l'hôpital et du blockhaus à *Piaski* alors les femmes avaient peur. L'hôpital se trouvait au 138, rue Janowska, on y allait escortés par les *Askars* avec leurs fouets. Kurzrok était le directeur de l'hôpital. Il voulait déguerpir avec sa femme mais les fameux mouchards Pecherz et Szwadron (au ghetto, ils étaient aspirants à la milice) l'ont appris et, au lieu d'aller à Dniepropetrovsk, le directeur Kurzrok avec une grande partie du personnel de l'hôpital sont allés à *Piaski*. Les deux mouchards habitaient avec leurs femmes et leurs enfants dans des appartements confortables en ville.

Un jour, Schächter, madame Chaber, Hilferding et Lebel ont pris l'avion pour décamper en Suisse, selon les paroles de Zosia Mechanik. Schächter a laissé sa mère dans le camp, une vieille dame, qui jusque-là avait été tolérée par les Allemands parce que c'était sa mère. Après, Gebauer lui a ordonné de casser des pierres et a intimé aux *Werkordners* de la surveiller pour qu'elle ne prenne pas de cyanure, sinon ils allaient être pendus. C'est pour ne pas leur attirer d'ennuis qu'elle s'était laissé étrangler par Gebauer.

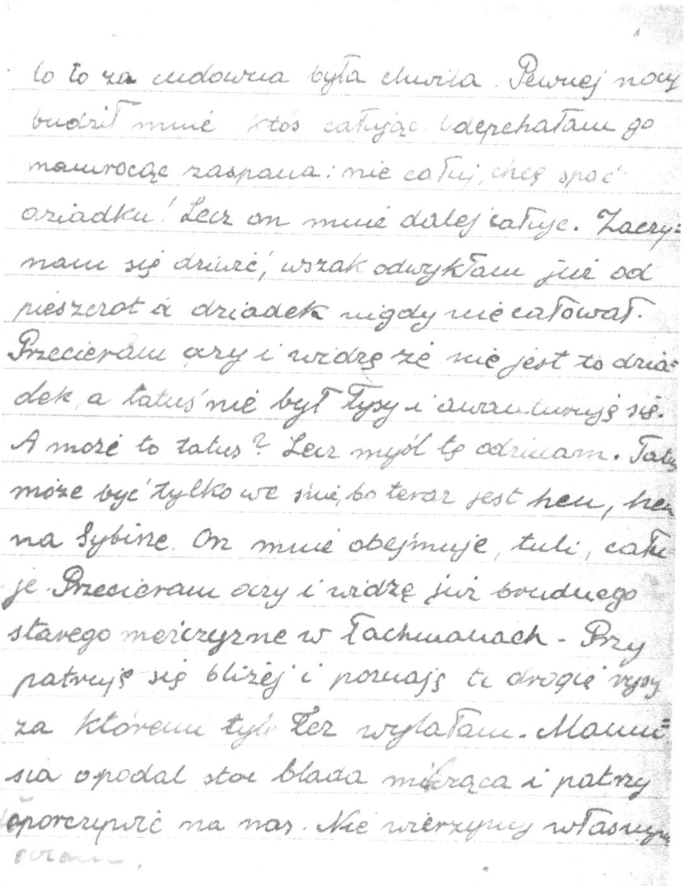

Co to za cudowna była chwila. Pewnej nocy budził mnie ktoś całując. Odepchałam go nawet rozespana: nie całuj, chcę spać dziadku! Lecz on mnie dalej całuje. Zaczynałam się dziwić, wszak odwykłam już od pieszczot a dziadek nigdy nie całował. Przecieram oczy i widzę że nie jest to dziadek, a tatuś nie był łysy i zaczęłam wyrywać się. A może to tatuś? Lecz myśl tę odrzucam. Tatuś może być tylko we śnie, bo teraz jest hen, hen na Sybirze. On mnie obejmuje, tuli, całuje je. Przecieram oczy i widzę już brudnego starego mężczyznę w łachmanach. Przypatruję się bliżej i poznaję tę drogę wyspy za którem tyż też wyłazłam. Mamunia opodal stoi blada mdlejąca i patrzy spoglądnąć na nas. Nie wierzymy własnym oczom.

FIG. 1 – Page du manuscrit de Janina Hescheles.
Crédits : Ghetto Fighters' House Archives.

tach wychodziłyśmy z jadalni pod bramę D.A.W. Musiałyśmy jeszcze czekać, gdy bramę otwierano o drugiej. I znowu charówka, znów pot się lał, odzież była mokra. O szóstej koniec pracy i apel w D.A.W. Włokłyśmy się zziające do oboru Muzyka grała przed unterkunftem. Dzieci wachmanów za słuchały, na placu askany grali w fodbal. Szłyśmy do waszraumu. Większa część szła by ubrać znajomych, lub coś kupić. W waszraumie wzdłuż sali były umieszenia kamienne a w nich koryta na którem wzdłuż rury ciekła ciurkiem zimna wod Po bokach sali były wodociągi. Trzeba by To mieć protekcję by dostać miednicę.

ANNEXE 2

Poèmes / Janina Hescheles

NOSTALGIE

Dans un moment de repos
Dans un moment de silence
Quelque chose sans cesse murmure à mes oreilles
Un moment de malheur passé
Qui chuchote ainsi ? – La nostalgie

Lorsque je me retrouve seule
Quelqu'un soulève mes paupières
Je sens mes yeux pleins de larmes
Qui les fait ciller ainsi ? – La nostalgie

Lorsque mes pensées se meuvent, hésitantes
Je ressens une violente envie de pleurer.
Quelque chose m'empoigne le cœur. Qui donc ?
La nostalgie.

Je me languis du bonheur enfui
Lorsque mes parents ont ouvert pour moi les portes de la vie
Pour me donner caresses et mots d'amour.

Que reste-t-il de tout cela ?
La nostalgie.

Côté aryen de Lvov,
entre septembre 1942 et février 1943

Traduit par Michèle Tauber

LE TEMPS VIENDRA

Le temps de la souffrance et de la douleur s'achèvera
S'entasseront les milliers de cadavres condamnés derrière
                                                    [les barbelés
Mais le jour viendra, le temps viendra
Où la joie régnera de nouveau parmi nous
Le soleil brillera pour nous aussi
Ce soleil qui dort même en été
Un chant résonnera, un chant joyeux
Lorsque les clameurs de la victoire retentiront
Contre le responsable de notre souffrance.
Alors s'achèvera le mal, la douleur de l'existence,
S'achèvera le temps des tourments.

Côté aryen de Lvov,
entre septembre 1942 et février 1943

Traduit par Michèle Tauber

UN SI PETIT NOMBRE

Un si petit nombre demeure de notre peuple
Autrefois célébré, aujourd'hui piétiné.
Ce petit nombre au camp est torturé
Aucun jugement, aucun droit, aucun espoir, il n'est plus
[que soupirs
Ce petit nombre avait autrefois une famille
Connaissait la chaleur et le bonheur d'un foyer
Aujourd'hui cette chaleur nous a été ôtée
Et nous sommes humiliés.
Vous prêchez des bonnes actions et torturez des innocents ?
Si un prisonnier ose relever la tête
Et prononcer un seul mot, alors ce dément, oui ce dément,
[la vérité fait mal,
Dirige le monde avec ses poings.

Camp Janowski, 1943

Traduit par Michèle Tauber

PIASKI – DUNES

Quel paysage merveilleux
Les champs, les prés
La splendeur du soleil
Les arbres, le ciel, la colline
Tout cela était si beau autrefois

Lorsque existait la liberté
Nous vivions en dehors des barbelés
Et tout autour résonnait un chant joyeux
À présent devant nous, tout n'est que mort et abîme
Nos bien-aimés nous ont été arrachés de force
Et au-dessus de l'abîme s'élève une fumée grise
des ossements de mon père et du sang de ma mère.
S'entrelacent dans mes larmes une peine,
Une souffrance et une douleur infinies.
Nous les Juifs, malheureux et humiliés
Errons sans fin
Et dans le camp disparaissent les derniers d'entre nous.
Devant nous s'étendent deux gazons.
L'un, le gazon de la liberté, débordant d'une vie effervescente,
Et l'autre nous enveloppe dans le silence et la ténèbre, le
                                        [gazon de la mort.
Vers lequel aller ?
La liberté a-t-elle encore le pouvoir de nous séduire
Après tous ces efforts, après toute cette souffrance ?
Une existence qui ne connaît nulle paix
Qui peut apaiser nos tourments ?
Peut-être, peut-être Dieu voit-il tout cela d'en haut ?
Les tromperies, les échecs, les mensonges ?
Ainsi que les dunes brûlantes, fumantes ?

Camp Janowski, 1943

Traduit par Michèle Tauber

Fig. 3 – Gravure de Wilhelm Ochs (Zeev Porath), juin 1943.
On lit en bas à droite en polonais : « Un passage entre le *Frauenlager* (baraquement des femmes) et le lieu d'exécution. Femmes et enfants se cachant sous les baraques… »

Crédits : Ghetto Fighters' House Museum, Art Collection.

À MAMAN

J'ai si mal,
Tout m'est lourd,
Mais toi tu es loin.
Le sable couvre tes yeux,
Ton cœur chéri a cessé de battre.
Pourquoi me fais-tu mal
Et m'as-tu laissée seule
Parmi tant d'étrangers ?
Seule je dois supporter ma peine.
Tu peux sûrement me regarder de là-haut,
Et me protéger de plus de souffrances,
Et quand il fera nuit, et silence tout autour,
Tu viendras près de moi,
Tu t'assiéras sur mon grabat
Et embrasseras mon front
Comme jadis.
Je compte les heures, les minutes,
En attendant cette réunion merveilleuse.
On embrassera l'une de l'autre joyeusement.
Comme ça sera joli ensemble !
Alors mon cœur sera gai,
Léger et paisible.
Mais le rêve sera court,
Trop court pour me réjouir assez.
Tu repartiras très tôt,
Ce monde te fait peur, je le sais,
Et des hommes de mauvais visage.
Terrée sous ma couverture,

Je cherche de quoi me consoler.
Une telle nuit merveilleuse
Suscite la douleur d'autant plus,
Mais j'espère que tu reviendras,
Que tout est réellement passé,
Viens maman, viens,
Viens, mon aimée.

Camp Janowski 1943

Traduit du polonais par Julia Tardy-Marcus

WAISENHOF[1]

Dans une pièce minuscule avec des barreaux à la fenêtre
Soixante personnes attendent la fin.
La mort rôde dans la pénombre
Pour ces désespérés, chaque instant est sans fin.
Un jeune couple est assis dans un coin sombre.
Ils se parlent, tristes et effrayés :
Ma chérie, je t'ai promis de ne jamais te quitter,
Et je tiendrai ma promesse.
Je n'irai nulle part désormais.
Même la mort ne pourra nous séparer.
La jeune fille en larmes lui répond :
J'aurais tellement voulu que tu ne sois pas là,
Sans toi passer ces derniers instants.
Être là sans toi.

---

1   La prison pour Juifs située dans la rue Waisenhof à Lvov, d'où les prisonniers étaient la plupart du temps acheminés vers la mort.

Soudain, la porte s'ouvre.
Une femme en larmes entre dans la cellule.
Se pressant contre elle, un enfant lui dit :
« Je ne veux pas rester ici, j'ai peur de mourir.
Je veux aller au soleil, jouer avec d'autres enfants.
Maman, j'ai peur ! J'ai peur !
— N'aie pas peur, mon chéri, je te couvrirai les yeux de
                                                [mes mains. »
Elle tremble, elle pleure, elle pâlit,
puis, tombe à terre, évanouie.
Le soleil se couche. Les gens, épuisés,
s'allongent sur le sol pour se reposer.
Encore un jour, encore une nuit.
Puis, un matin, lorsque la ville dormait,
Neuf camions se sont arrêtés, rue Waisenhof.
Et tous les prisonniers sont partis à *Piaski*.
Un détenu triait les habits des gens assassinés au Flik.
D'un coup, en fouillant dans un tas d'affaires,
Il pâlit, gémit, trébucha,
Il venait de trouver la photo de sa bien-aimée.

Camp Janowski, 1943

Traduit du polonais par Agnieszka Żuk

BEŁŻEC

Horrible à voir,
Un wagon plein d'êtres humains
Et parmi eux des morts.

Ils sont debout, tout nus,
Leurs gémissements se perdent dans le bruit des roues.
Seul le condamné entend ce que lui dit la roue –
Vers Bełżec... vers Bełżec... vers Bełżec...
Pour mourir... pour mourir... pour mourir.
Si tu veux vivre, alors saute,
Cours, fuis, mais penses-y :
La garde-voie guette et chuchote au doublement condamné :
Inutiles tes pleurs, inutiles tes sanglots,
Tu ne reverras plus jamais ta mère, plus jamais ton père.
La roue tourne, tourne
Vers Bełżec... vers Bełżec... vers Bełżec...
Vers la mort... vers la mort... vers la mort...
Vers Bełżec... vers Bełżec... vers Bełżec...
Pour mourir... pour mourir... pour mourir...
Le train ralentit,
Arrête sa course.
De mille poitrines sourd un gémissement.
Le train est arrivé au but,
La locomotive siffle :
Ici Bełżec... ici Bełżec... ici Bełżec[2].

Camp Janowski, 1943

Traduit du polonais par Julia Tardy-Marcus

---

2   Ce poème reprend les rythmes de « Locomotive » de Julian Tuwim (1935),
     un poème classique de la littérature polonaise pour la jeunesse.

NUIT

La nuit s'étend dans la paix et le silence
Elle fait taire et cesser le tumulte du jour
Comme une mère qui apaise et ôte le souci
Elle éloigne les hommes du tourbillon quotidien
Elle revêt d'obscurité le monde tout entier
Elle recouvre de rêve tragédies et souffrances
Qui s'éveilleront de nouveau après le repos
Pour rejoindre malheurs et misères.

Cracovie, 16 juillet 1944

Traduit par Michèle Tauber

APAISEMENT

Ô ! Apaisement ! Comme je t'aime !
Tu m'es si cher dans mon repos !
Lorsque je m'enferme entre mes quatre murs
Pour m'éloigner, me cacher, grâce à la porte,
Du vacarme de la ville et de son tumulte
Reposer ma tête affligée dans mes mains
Et fuir vers d'autres mondes
Vers de doux rêves et des visions sans fin,
Loin, loin des hommes
Ce moment de songerie
Où nul n'entend, nul ne voit,

Est un moment de joie.
Ô! Cajole-moi, moment de joie, cajole-moi!
Emporte-moi au loin
Magie et apaisement du silence
Moment de joie, de bercement
Emporte-moi vers la cime du ciel
Là où je puis vivre entre rêve et réalité
Là où je me sens à nouveau une petite fille
Qui s'éloigne de cette terre misérable.

Cracovie, 28 août 1944

Traduit par Michèle Tauber

À LA MONTAGNE

Hé! Écartez-vous!
J'ai chaussé mes patins
Tout d'abord mes jambes ont peur et tremblent
Je glisse sur la pente
Et les patins glissent tout seuls
J'aspire la puissance du vent
Jusqu'au vertige
Mon sang bat dans mes veines
Le vent ébouriffe mes cheveux
Et me caresse doucement les joues.
Soudain un patin se courbe
Et boum!
Me voilà dans la blancheur moelleuse
Recouverte de neige

Je me relève rapidement
Surtout que personne ne me voie !
Et à nouveau, loin, plus loin, les patins s'élancent
Et lorsque enfin lasse
Je m'assois pour un court repos
Après avoir glissé sur la pente
Le ciel bleu sans nuage
Au loin la sombre forêt
La chaîne des Tatras complète le paysage
Le vent bruisse parmi les sapins
Et mon visage exprime l'émerveillement
Cela vaut la peine de vivre
Car le monde est merveilleux !

Poronin, janvier 1945

Traduit par Michèle Tauber[3]

---

3   Les poèmes traduits par Michèle Tauber proviennent, à la demande de
Janina Hescheles Altman, des versions en hébreu réalisées par Aliza Kriguir.
Celles-ci sont déposées aux archives de la Maison des Combattants des
ghettos en Israël.

POSTFACE

AU BORD DU PASSÉ
Histoire d'un témoignage[1]

Dès août 1944, à Lublin, la première ville de Pologne libérée par l'Armée rouge, se forma une commission historique destinée à réunir des documents et collecter des témoignages sur la « Catastrophe » qui venait d'avoir lieu – *Hurbn* en yiddish, l'extermination des Juifs par les nazis –, alors que ces derniers continuaient leur œuvre de mort dans les régions encore sous leur contrôle. La commission de Lublin se déplaça bientôt à Łodz, prit le nom de Commission centrale historique juive (CŻKH), essaima en plusieurs branches régionales (Cracovie, Wroclaw, Varsovie, Białystok, Katowice), et déménagea à Varsovie en 1947, où elle se stabilisa et devint l'Institut historique juif (ŻIH).

Ces commissions judéo-polonaises d'après-guerre avaient entrepris de réunir, et parfois d'exhumer, tous les documents clandestinement écrits et conservés dans les ghettos et dans

---

1 Les réflexions présentées ici doivent beaucoup à mes échanges et à mon travail avec Judith Lindenberg, avec laquelle j'ai rencontré pour la première fois Janina Hescheles en 2013. Les recherches de Judith Lindenberg sur les publications de témoignages d'enfants survivants de la « Catastrophe » après la guerre ont été déterminantes pour l'analyse de la première édition des mémoires de Janina à Cracovie en 1946, et en particulier pour la compréhension du rôle de Maria Hochberg.

les camps ; de recueillir des témoignages auprès des survivants en mettant en place des questionnaires et une méthodologie appropriée, en particulier pour les enfants rescapés ; et, très vite, de publier des livres – recueils de documents et de témoignages, mémoires, anthologies de poèmes, mais aussi premières études sur les lieux et les formes de la mise à mort[2]. Bien des membres de ces commissions étaient des historiens, formés avant guerre dans les universités polonaises ; d'autres avaient été écrivains, journalistes, psychologues. Certains avaient été engagés pendant la guerre dans des entreprises de documentation clandestine, à l'instar de Rachel Auerbach, l'une des rares survivantes de l'équipe d'Oneg Shabbes qui, autour d'Emmanuel Ringelblum, avait constitué les archives secrètes du ghetto de Varsovie[3]. L'activité des commissions fut considérable[4] : on leur doit la constitution d'un matériau archivistique fait des centaines de mémoires, de journaux personnels ou de récits recueillis oralement ainsi qu'une première strate de publications historiques, dont certains titres connurent une longue vie éditoriale ; d'autres furent d'autant mieux oubliés qu'après 1949 le pouvoir communiste en Pologne n'encouragea guère la poursuite de ce type de recherches.

---

2   Ainsi, notamment, le premier livre de Filip Friedman sur Auschwitz, *To jest Oświęcim*, Varsovie, 1945, ou celui de Rudolf Reder, *Bełżec*, Cracovie, 1946 ; le reportage de Rachel Auerbach sur Treblinka, qu'elle visita en 1945 : *Oyf die felder fun Treblinke*, Varsovie, 1947.

3   Samuel Kassow, *Qui écrira notre histoire ? Les archives secrètes du ghetto de Varsovie*, traduit de l'anglais par Pierre-Emmanuel Dauzat, Paris, Grasset, 2011.

4   Feliks Tych, « The Emergence of Holocaust Research in Poland. The Jewish Historical Commission and the Jewish Historical Institute (ŻIH) 1944-1989 », in David Bankier et Michman (eds.), *Holocaust Historiography in Context*, Jerusalem, 2008, p. 227-244 ; Natalia Aleksiun, « The Central Jewish Historical Commission in Poland, 1944-1947 », *Polin*, n° 20 (2008), p. 74-97 ; Laura Jockusch, *Collect and Record! Jewish Holocaust Documentation in Early Postwar Europe*, Oxford, Oxford University Press, 2012.

Le texte que l'on va lire nous vient de ces premières entreprises de collecte et d'édition de documents. Il fut publié en
1946 par la Commission historique de Cracovie, dirigée par
Michał Borwicz, qui devait émigrer en France en 1947[5]. Son
auteure, Janina Hescheles, dont le nom n'apparaissait pas sur
la couverture mais à l'intérieur du livre, était née en 1931 à
Lvov[6]. Elle avait douze ans en 1943, quand elle avait écrit
ce texte, qui n'était pas un journal tenu pendant les événements mais bien des « mémoires », *pamiętniki* en polonais,
des souvenirs écrits à chaud, et au présent de narration – ce
qui donne au lecteur un sentiment d'immédiateté et de
proximité, comme dans un journal[7].

Les commissions d'après-guerre accordaient, on va le
voir, une attention toute particulière aux témoignages et
au devenir des enfants survivants. Avec le texte de Janina
Hescheles, les éditeurs de 1946 entendaient donner à lire « un
document d'une grande valeur historique et d'une rare valeur
psychologique[8] » : c'était le récit d'une enfant sur la vie et
la mort à Lvov entre 1941 et 1943 ; elle racontait les massacres de juin et de juillet 1941, le ghetto où les Juifs furent
enfermés à partir d'octobre 1941, puis le camp Janowski,
camp de travail forcé, de torture et de mise à mort installé à
l'automne 1941 dans le faubourg occidental de la ville, rue
Janowska, sur les terrains d'une ancienne usine[9]. Derrière ce

---

5   Où il publia sous le nom de Michel Borwicz, que nous emploierons
     désormais.
6   Lwów en polonais, Lviv en ukrainien, Lemberg en allemand.
7   Le texte a de ce fait été souvent désigné, à tort, comme un journal, un
     « *diary* » dans les éditions anglo-saxonnes.
8   Voir la préface de 1946, p. 45.
9   Sur le camp Janowski (ou Janowska, dans l'historiographie anglo-saxonne,
     qui ne suit pas les règles d'accord en polonais) : Michał Borwicz, *Uniwersytet
     zbirów*, Wojewódzka Żydowska Komisja Historyczna w Krakowie, Cracovie,
     1946, traduction anglaise *The University of Criminals*, Cracovie, Wysoki
     Zamek, 2014 ; Filip Friedman, *Zagłada Żydów lwowskich* [L'extermination

camp, une ravine sablonneuse, *Piaski* – « les sables » –, servit de lieu d'exécution pour ceux qui n'étaient pas envoyés au camp d'extermination de Bełżec. À *Piaski*, les Juifs étaient abattus à l'arme automatique, et les corps étaient ensuite brûlés à l'air libre.

Le ghetto de Lvov fut liquidé à partir de juin 1943 ; les survivants furent envoyés à Janowski et exécutés en novembre 1943, où Lvov fut déclarée *« judenrein »*, vide de Juifs. Le Sonderkommando 1005, formé d'environ cent vingt jeunes Juifs, fut chargé d'effacer les traces des crimes commis à Janowski, notamment en déterrant les cadavres pour broyer leur os dans une machine prévue à cet effet. Cette « brigade de la mort », qui devait être liquidée une fois sa besogne accomplie, tenta de se révolter le 19 novembre 1943. La plupart moururent, sauf une poignée qui parvint à s'échapper et à se cacher. Parmi eux, un jeune homme de dix-huit ans, Léon Weliczker, qui n'avait cessé de prendre des notes sur ce qu'il voyait. Le livre qui en est tiré, *Brygada Śmierci [La brigade de la mort]. Sonderkommando 1005*, fut publié en 1946. Léon Weliczker émigra par la suite aux États-Unis, prit le nom de Wells, devint un physicien renommé et témoigna lors de la vingt-deuxième séance du procès d'Eichman à Jérusalem en 1961. *Brygada Śmierci*, qui avait été enregistré comme pièce à conviction n° T/214, et fut ensuite publié en anglais dans une version étendue sous le titre *The Janowska Road*, demeure l'un des plus importants témoignages sur le camp Janowski. Celui de Janina Hescheles apporte un autre regard.

---

des Juifs de Lvov], Łódz, 1945 repris dans *Roads to Extinction : Essays On the Holocaust*, New York : Conference on Jewish Social Studies, 1980 ; Eliyahu Jones, *Smoke in the Sand. The Jews of Lvov in the War Years 1939-1944*, Gefen, 2004 ; Bella Gutterman, *With Death – a Toast to Life: the Tale of Janowska Concentration Camp, 1941-1943* [en hébreu], Tel Aviv, 2001 et *Days of Horror in Lwów* [en hébreu], Tel Aviv, Center for the History of Polish Jewry, Diaspora Research Institute, 1991.

Janina Hescheles avait échappé à l'enfer de Janowski juste avant la liquidation de novembre 1943. Son évasion avait été organisée par le réseau clandestin du Conseil d'aide aux Juifs, Żegota[10], grâce à un détenu qui s'était lui-même évadé quelques semaines auparavant. Dans le texte de Janina, celui-ci apparaît sous le nom d'Ilian, puis de Maks Boruchowicz. Il s'agit de Borwicz, celui qui, en 1946, publia les « mémoires » de Janina, ainsi que deux ouvrages de sa main sur le camp Janowski : *L'Université des bourreaux* et *Littérature au camp*[11]. Après son évasion, Janina avait reçu des faux papiers et avait été accompagnée à Cracovie par un agent de liaison de Żegota, Ziuta Rysińska, qui confia la jeune fille à une autre membre du réseau, Maria Hochberg-Mariańska. Trois semaines après l'évasion, alors que Janina était cachée dans l'appartement d'une autre résistante, Wanda Janowska[12], Maria Mariańska remit à Janina des cahiers et un crayon et lui proposa d'écrire ses souvenirs. En 1946, c'est la même Mariańska qui rédigea la préface du livre *Les Cahiers de Janina*, où elle raconta, pour la première fois, l'histoire du sauvetage de Janina et de l'écriture des cahiers.

Borwicz et Mariańska, les sauveteurs de 1943, furent donc en 1946 les éditeurs d'un manuscrit qu'ils avaient suscité. L'histoire de ce texte est, d'un bout à l'autre, une histoire de résistance et d'engagement, où l'écriture sous toutes ses formes, poésie ou récit de témoignage, ainsi que la collecte

10 Voir Teresa Prekerowa, *Żegota. Commission d'aide aux Juifs*, traduit du polonais par Marian Apfelbaum, Paris, Éditions du Rocher, 1999.

11 Michał Borwicz, *Uniwersytet zbirów* [L'université des bourreaux], *op. cit.* ; *Literatura w obozie* [Littérature au camp], Wojewódzka Żydowska Komisja Historyczna w Krakowie, Cracovie, 1946.

12 Wanda Janowska était l'une des membres actives de Żegota à Cracovie. Elle épousa après la guerre Władysław Wójcik, le secrétaire de la branche cracovienne de Żegota, qui était dirigée par Stanisław Dobrowolski. Tous les trois reçurent le titre de « Justes parmi les nations » en 1979.

et la publication de documents jouent un rôle central. De ce fait, *Les Cahiers de Janina* n'est pas seulement un témoignage écrit à chaud sur l'enfer de Lvov et du camp Janowski entre 1941 et 1943. Comme manuscrit suscité en 1943 puis comme texte publié en 1946 c'est aussi *un document sur l'histoire du témoignage*, sur l'histoire des conditions de l'écriture du témoignage, de sa préservation, de sa transmission, de sa publication.

LVOV ET JANOWSKI, 1941-1943

Sur les cahiers d'écolier donnés par Mariańska fin 1943, Janina écrit d'abord ses souvenirs de l'enfer du camp Janowski, auquel elle vient tout juste d'échapper. Après ce premier jet, elle reprend sa rédaction, sans doute à l'instigation de Mariańska, et revient en arrière, aux premiers mois de l'occupation allemande à Lvov, à l'assassinat de son père en juin 1941 ; elle évoque la vie dans le ghetto, relate ses tentatives de fuite, puis décrit à nouveau le camp Janowski, et évoque la mort de sa mère. En 1946, Borwicz et Mariańska choisissent de remettre le récit dans l'ordre chronologique, qui permet de suivre l'itinéraire de la jeune fille depuis juin 1941 jusqu'à son évasion : ils partent donc du second texte – le plus long –, y injectent des passages du premier, tout en se donnant la liberté de déplacer quelques paragraphes pour parvenir à un résultat plus lisible. Et c'est ainsi que la vie et la mort des Juifs de Lvov peuvent être racontées « à travers les yeux d'une fille de douze ans ».

Quand les Allemands entrent à Lvov le 30 juin 1941, Janina a dix ans. Son père, Henryk Hescheles, avait été

le directeur du plus important journal juif de Lvov dans
l'entre-deux-guerres, *Chwila [Le Moment]*, journal sioniste,
publié en polonais, soucieux de construire le présent des Juifs
dans la Galicie orientale devenue polonaise après 1918[13].
Le 19 septembre 1939, selon les termes du pacte Molotov-
Ribbentrop, Lvov est envahie par les Soviétiques : des milliers
de réfugiés, Juifs ou non-Juifs, affluent alors de l'ouest de
la Pologne occupée par l'Allemagne. D'autres choisissent
de fuir la domination soviétique et courent vers l'ouest, ou
le sud. Henryk Hescheles a quant à lui quitté Lvov dès la
déclaration de guerre, le 1er septembre, et s'est enfui vers la
Roumanie. Lorsqu'il apprend que ce sont les Soviétiques, et
non les Allemands, qui occupent Lvov, il tente de rentrer,
mais il est arrêté à la frontière et emprisonné. Finalement
relâché par les Soviétiques, il rentre à Lvov au printemps 1941.

Janina a raconté dans son cahier le retour de son père :
derrière le bonheur de la jeune fille, c'est la silhouette du
prisonnier sorti des geôles soviétiques qui se profile, épuisé,
précocement vieilli et banni. Ses anciennes connaissances se
détournent de lui, il ne trouve pas de travail. Les passages du
manuscrit qui évoquent les derniers temps de l'occupation
soviétique à Lvov ne furent pas publiés en 1946 – les éditeurs s'en justifièrent, discrètement, en expliquant que ces
« pages ne portaient pas sur l'occupation allemande ». Dans
la République populaire de Pologne de 1946, il n'était pas
bon de rappeler les aspects sombres de l'occupation soviétique
des deux premières années de la guerre. L'édition présente
rétablit ces deux pages au seuil du texte, qui sont en quelque
sorte un prologue à l'horreur. Les éditeurs de 1946 effacèrent
également quelques tournures antisoviétiques, remplaçant
notamment les « bolcheviques » par les « Russes ». Avant

---

13   Eugenia Prokop-Janiec, *Polish-Jewish Literature in the Interwar Years*, tra-
     duction Abe Shenitzer, Syracuse (N.Y.), Syracuse University Press, 2003.

de quitter Lvov en juin 1941, les Soviétiques avaient aussi fait exécuter les détenus des prisons de la ville, dont des nationalistes ukrainiens, puis mis le feu aux prisons : Janina évoque la puanteur de la rue devant la prison Brygidki, que les Juifs allaient bientôt devoir vider et nettoyer. En 1946, le souvenir de cette puanteur, qui rappelait trop explicitement, elle aussi, l'occupation soviétique, fut effacé.

Le récit de Janina est donc écrit à hauteur des yeux d'une enfant. Les choses surgissent ou adviennent, brutalement : début juillet 1941, un gouvernement ukrainien s'installe dans la ville avant d'être remplacé par l'administration allemande, et Janina voit flotter les drapeaux jaune et bleu de l'Ukraine ; des nationalistes ukrainiens, parfois très jeunes, battent les Juifs à coups de barres de fer dans les rues du centre de la ville. Le récit de Janina décrit une véritable panique spatiale : peut-on sortir, où aller, où se cacher ? D'autres événements arrivent, par vagues : le pogrom dit « de Petlioura » perpétré par les milices ukrainiennes du 25 au 27 juillet ; l'imposition par les nazis d'une « contribution » de vingt millions de roubles à la communauté juive ; la progressive organisation de l'espace du ghetto à l'automne 1941, sa transformation en camp de travail pour Juifs (*Julag*) et le casernement obligatoire ; enfin, les premiers travaux de construction du camp rue Janowska. Janina relate les allées et venues des adultes, la quête d'informations, la recherche d'appuis fiables, de sauf-conduits, les tentatives sans cesse recommencées de réorganisation d'une vie sous la menace permanente des arrestations, des « réductions » et des « actions » – dans la langue euphémistique des nazis : exécutions, rafles pour Bełżec ou pour le travail obligatoire à Janowski. La mère de Janina, infirmière, travaille comme secrétaire pour l'hôpital juif. La possession d'une carte de travail est précieuse, c'est la garantie temporaire de la survie. Janina mentionne les trafics et les

chantages occasionnés par ces cartes, l'arrestation progressive
de tous ses proches durant l'année 1942 : son grand-père, ses
oncles et tantes. Sa mère tente de lui faire quitter Lvov : en
septembre, sous une fausse identité chèrement payée, la jeune
fille va se cacher à la campagne à plus de trois cents kilomètres
à l'ouest de Lvov, en Petite Pologne, à Czarny Potok. L'épisode
est de courte durée : les gens qui cachent Janina ne donnent
aucune nouvelle à sa mère, qui s'inquiète et la fait revenir. Les
chantages se multiplient, ainsi que les tentatives de cachette
côté « aryen ». Janina et sa mère sont finalement arrêtées et
emprisonnées. Elles échappent de justesse à la déportation,
se réfugient dans l'hôpital juif – ce qui revenait à « s'abriter
de la pluie sous une gouttière », commente Janina avec un
vieux proverbe. En mai 1943, la situation semble sans espoir :
les nazis commencent à liquider le *Julag*, les déportations du
ghetto vers Janowski s'intensifient. C'est alors que la mère de
Janina Hescheles décide d'en finir et de se suicider, intimant
à Janina d'être courageuse, de prendre en mains son destin et
d'essayer à nouveau d'aller se cacher chez sa tante non juive[14].

Vainement. Janina ne trouve pas l'abri escompté, menaces
et chantages persistent. Elle se replie dans le camp de travail des femmes à Janowski, où elle parvient à se fondre,
en trichant sur son âge, dans la masse des détenues qui
travaillent dans les ateliers de confection. La dernière partie
du livre décrit la vie à Janowski du printemps à l'automne
1943, l'organisation du travail, les brimades et les privations,
les spectacles d'exécution. Les moments de relâche aussi, et
l'entraide des prisonniers. La lecture du récit de Janina fait
pénétrer dans un monde concentrationnaire tout différent de
celui de Bełżec ou Treblinka, centres entièrement dédiés à la
mise à mort, ou du grand complexe d'Auschwitz. Construit

---

14   Dans le texte, « tante W. ».

à l'automne 1941, Janowski était en premier lieu un camp de travail dédié à la production d'armement allemande, la DAW *(Deutsche Ausrüstungswerke)*, employant des travailleurs polonais, ukrainiens et juifs – ces derniers demeurant enfermés dans le camp. En mars 1942, les installations furent étendues et divisées en trois parties : la première comprenait l'administration du camp, commandé par le SS Wilhaus, – puis, à partir de l'été 1943, par son ancien adjoint Warzok –, les logements des SS et des supplétifs ukrainiens ou russes (les « *askaris* ») et la place sur laquelle avaient lieu les sélections pour la liquidation à *Piaski* ou la déportation vers Bełżec (en train depuis la gare de Kleparów, située de l'autre côté de la rue Janowska). La deuxième partie du camp, fermée par des barbelés, était composée des baraques des prisonniers, de la place d'appel, des cuisines et du camp des femmes, établi en mars 1943. Dans la troisième partie, qui était séparée du reste et dirigée par le SS Fritz Gebauer, se trouvaient les ateliers de la DAW. Le camp était donc soumis à la double autorité de Gebauer et de Wilhaus – puis de Gebauer et Warzok –, qui se trouvaient en conflit constant à propos de la gestion et de l'utilisation des détenus.

Le récit de Janina doit se lire à la lumière de cette tri-partition du camp, où plus de deux cent mille personnes périrent, en dépit de sa relativement petite taille et de l'absence d'installations de mise à mort industrielle. Janina travaille dans les ateliers de confection installés dans le camp DAW après la liquidation du ghetto ; mais elle dort dans les baraques des femmes du camp des prisonniers et décrit donc le chemin qui, chaque matin, conduit d'une zone du camp à l'autre, de la juridiction Warzok à la juridiction Gebauer, en passant devant le « bunker » (près de l'entrée principale du camp) où sont enfermés les condamnés à mort, le bureau technique (l'*Unterkunft*), ainsi que l'orchestre des prisonniers. Celui-ci

avait été institué par le SS Wilhelm Rokita, l'un des adjoints
de Wilhaus, en mars 1942, et demeure tristement célèbre pour
son *Tango de la mort*[15]. Janina évoque également les multiples
formes de contact entre le camp et l'extérieur : d'une part,
des ouvrières non juives sont employées dans les ateliers de
confection, ce qui ouvre la possibilité de toutes sortes de
promesses, de faux papiers ou d'évasions, et de chantages,
dont Janina faillit être la victime ; d'autre part, les détenues
retournent dans le centre de Lvov, une fois par semaine, rue
Szpitalna, pour les douches. C'est là que des évasions sont
possibles : Janina s'y essaie une fois, mais ne trouve personne
pour l'aider et doit retourner au camp ; c'est un peu plus tard
sur le même chemin qu'elle retrouve finalement la liberté.

« L'ALLIANCE AVEC LA LITTÉRATURE »
Janina Hescheles et Michel Borwicz

L'évasion de Janina a été rendue possible par les efforts
conjoints de la résistance juive à l'intérieur du camp et des
réseaux de la résistance polonaise à l'extérieur du camp. À
Janowski, la jeune fille croise des hommes, le dimanche, qui
font de la musique et de la poésie : Maks Boruchowicz-Borwicz,
le poète des prisonniers, qui se fait appeler « Ilian », les écrivains Yerachmiel et Helena Grün, le journaliste David Frankel,
ou Perec Kleinman, un décorateur de théâtre ; Janina connaît

---

15 Eliyahu Jones, *Smoke in the Sand, op. cit.*, p. 200. Tous les témoignages sur
le camp Janowski mentionnent cet orchestre, dont il existe également une
photographie, prise par un photographe allemand, disponible notamment
sur le site du musée de l'Holocauste à Washington (http://www.ushmm.
org/wlc/en/article.php?ModuleId=10005279).

aussi les hommes qui travaillent, relativement à l'abri, dans les bureaux de l'*Unterkunft* et animent la résistance, comme Ryszard Axer, Bronek Jakubowicz ou Bumek Warhman. Tous l'aident à leur mesure. Mais la rencontre, décisive, est celle avec Borwicz qui, une fois évadé, va organiser le sauvetage de Janina et d'une autre jeune fille, Rena Aidem – qui ne survivra pas à la guerre. Janina ne raconte pas cette rencontre avec Borwicz dans ses souvenirs – elle est toutefois relatée dans la préface de Maria Hochberg-Mariańska en 1946. Ce que Janina évoque dans ses cahiers, ce sont les poèmes qui venaient à son esprit dans la chaleur étouffante des nuits, derrière les baraques, à la lueur des bûchers de *Piaski*. Ces poèmes, qui sont publiés à la fin de ce volume, furent rapportés à Borwicz, qui, de son côté, a raconté sa rencontre avec « Janka » dans un bref chapitre de son livre de 1946, *Littérature au camp*[16].

Critique littéraire, écrivain, auteur de romans et de pièces de théâtre, Borwicz était né à Cracovie en 1911 dans une famille de la petite bourgeoisie juive. Il avait fait des études de lettres à Cracovie, écrivait en polonais, militait au Parti socialiste polonais (PPS)[17]. Borwicz avait été pris, comme bien des réfugiés de l'ouest, dans le ghetto de Lvov en 1941, où il avait perdu sa compagne ; prisonnier à Janowski, il avait fini par être localisé par la cellule clandestine du PPS de Cracovie et le Conseil clandestin d'aide aux Juifs, Żegota. Borwicz organisait dans le camp des soirées « littéraires » secrètes, qui servaient de couverture à d'autres actions plus clandestines encore, liaisons avec l'extérieur, transferts d'armes, évasions. Lui-même composait des poèmes et collectait pour les faire sortir du camp tous les manuscrits possibles sur ce qui y avait lieu.

---

16 *Literatura w obozie, op. cit.*, "Janka", p. 48-49.
17 Sur l'itinéraire de Borwicz, voir Ryszard Loew, « Czytanie Borwicza », *Dekada Literacka*, n° 2 (85), 1994.

C'est dans le cadre de ces activités clandestines, raconte Borwicz dans *Littérature au camp*, qu'une jeune fille lui fut présentée : « À un moment de plusieurs côtés on a commencé à me parler d'une fille qui avait douze ans, Janka H. (fille du rédacteur de *Chwila*) qui écrivait des poésies et les récitait dans les baraques des femmes. On me demandait de m'en occuper. Tout d'abord j'ai résisté. La conspiration avec une fille de douze ans ne peut pas aller jusqu'au point où il faut savoir se taire… Janina étant très impatiente de me contacter, elle a triché avec les gardes, et évitant les SS, elle y est arrivée toute seule. Elle n'avait rien d'arrogant et n'était pas du tout maniérée. Elle était simple, réfléchie et un peu sombre. Ses poésies étaient primitives (dans le bon sens de ce mot). La manière dont elle les déclamait, naturelle et sans affectation, faisait grande impression. J'ai décidé de faire un cadeau à cette enfant : pour l'avoir, je l'avoue, j'ai dû mettre en mouvement des contacts. D'abord ils me regardaient de travers, ils ne voyaient dans mon projet qu'un caprice fou ; peut-être l'était-ce, mais on peut avoir des caprices, même dans un camp. Cela dit les caprices peuvent être contagieux. Mes contacts se sont animés, ils cherchaient comme des forcenés et à la fin Janina eut son livre. Je l'ai reçu des mains de l'une des très nombreuses personnes qu'on ne finira jamais de regretter, Bronek Jakubowicz. Le livre était très abîmé, sans couverture, et si je me souviens bien il lui manquait quelques pages, mais il était là – ce volume de poésies de Mickiewicz. Tel était le cadeau que je fis à cette enfant pour son alliance avec la littérature[18]. »

Une « alliance avec la littérature » : voici ce qui eut lieu, dans les mots de Borwicz, durant l'été 1943 à Janowski. Pour un homme comme Borwicz, ces poèmes d'enfant, « primitifs » – c'est-à-dire simples, directs, sans détours –, étaient une

---

18   Michał Borwicz, *Literatura w obozie*, *op. cit.*, p. 48-49. Je remercie Grażyna Maszkowska pour la traduction de ce passage.

preuve de l'enfer en même temps qu'une preuve du pouvoir des mots dans la lutte contre l'enfer, une preuve d'humanité. Il faut bien lire les phrases de Borwicz en 1946, et entendre ce qu'elles disent des convictions qui ont pu l'animer, comme poète et comme résistant, à Janowski : une croyance dans la capacité de la littérature à maintenir l'humanité vivante dans le lieu même de sa négation, la « trace d'une vie plus riche que celle qu'imposait le bourreau[19] » ; une croyance dans le pouvoir de la poésie de dire la vérité de la souffrance et de la transmettre. L'écriture et la collecte de poèmes, leur « évasion » vers les réseaux clandestins où ils devaient tout à la fois servir de documents sur ce qui avait lieu dans les lieux de mise à mort et de témoignages de la lutte contre la destruction, étaient au cœur de l'activité résistante de Borwicz. Sur ce chemin, il a rencontré Janina Hescheles, et Borwicz le poète-résistant a sauvé l'enfant-poète. Dans les mois qui suivirent leurs évasions respectives, alors que Janina était cachée à Cracovie et écrivait dans ses cahiers, Borwicz, passé dans la clandestinité et dans la lutte armée sous une fausse identité, continua de réunir et d'expédier des matériaux d'archives, dont des poèmes, pour les éditions clandestines. Il envoya notamment son propre poème de Janowski, « La nuit dans la baraque », pour la publication du recueil de poèmes *Du fond de l'abîme*, qui comprenait également les vers de Czesław Miłosz sur la fin du ghetto de Varsovie, « Campo dei Fiori ». Le recueil fut publié clandestinement à Varsovie au printemps 1944, puis microfilmé et passé en Grande-Bretagne, puis aux États-Unis[20].

---

19   Stanisław Dobrowolski, préface au recueil de poésies de Michał Borwicz, *Ze śmiercią na ty* [En tutoyant la mort], Varsovie, Wiedza, 1946 ; citée par Michel Borwicz dans *Écrits des condamnés à mort sous l'occupation nazie* [PUF, 1953], Paris, Gallimard, 1996, p. 171.

20   *Z Otchłani* [Du fond de l'abîme], Varsovie, 1944. Rafael Scharf, « Literature in the Ghetto in the Polish Language : Z Otchłani – From the Abyss »,

C'est dans cette activité clandestine d'écriture, de collecte, de transmission, de publication que prend sens l'histoire du texte que l'on va lire. Au cœur de cette histoire se situe une croyance *active* dans le pouvoir de la littérature : pour Borwicz comme pour tous ceux qui engagèrent la poésie dans la lutte contre la barbarie, la littérature n'était pas une chose futile. Et c'est au nom de cette conviction que la survie de Janina fut rendue possible, au nom de cette conviction aussi que Borwicz et Mariańska lui demandèrent de rédiger ses souvenirs dans des cahiers où la jeune fille recopia aussi ses poèmes. Ce nœud littéraire, vital, entre Borwicz et Janina Hescheles fait comprendre combien l'écriture de ce que nous appelons « témoignage », poème ou récit, ne relève pas d'un domaine séparé de l'histoire du génocide des Juifs, un domaine spécifique qui serait celui de l'histoire du témoignage et des premières expressions mémorielles. Ici, comme dans le cas des archives du ghetto de Varsovie, l'engagement dans l'écriture, dans la collecte, dans la préservation des manuscrits est un événement de l'histoire, et non un phénomène qui se situerait en marge, ou interviendrait après les événements. L'importance historique de l'écriture littéraire est ensuite devenue l'objet même des travaux de Borwicz, émigré en France et devenu historien[21]. Elle est au centre de son grand livre, *Écrits des condamnés à mort sous l'occupation nazie*, publié à Paris en 1953, où le public français put lire, pour la première fois, l'histoire de la « petite Jeannette H. » dans un chapitre consacré à l'écriture des enfants.

---

dans *Holocaust Chronicles: Individualizing the Holocaust through Diaries and other Contemporaneous Personal Accounts*, Robert M. Shapiro (ed.), Hoboken (NJ), Ktav, 1999.

21 Judith Lyon-Caen, « "Littérature au camp" et histoire des savoirs sur le témoignage. Autour des *Écrits des condamnés à mort sous l'occupation nazie* de Michel Borwicz (1953) », *Contextes*, Bibliothèque du Centre de recherches historiques, 2014, p. 296-311.

UNE HISTOIRE D'ÉCRITURE

Le temps du témoignage et le temps des événements s'interpénètrent : l'écriture appartient à l'histoire dont elle témoigne, par le récit, par la composition poétique ; elle appartient à cette histoire comme *action*, action d'écrire pour vivre et lutter, action d'écrire pour faire savoir, action d'écrire pour transmettre au-delà d'une mort probable. *Les Cahiers de Janina*, comme manuscrit puis comme œuvre publiée, est la trace de l'une de ces histoires d'action et d'écriture dans l'enfer de Lvov de Janowski. L'identité des sauveteurs de Janina en 1943 et des éditeurs de ses mémoires en 1946 n'est donc pas accidentelle : en réalité, tous leurs gestes relèvent d'un engagement continu, dans la clandestinité puis, la guerre finie, dans le cadre des commissions historiques.

C'est ainsi qu'il faut comprendre les opérations éditoriales effectuées par Maria Hochberg et par Michel Borwicz sur les cahiers de Janina. Comme on l'a dit plus haut, celle-ci avait écrit deux récits, l'un sur le camp, l'autre plus ample allant de l'été 1941 jusqu'à son évasion. Les éditeurs de 1946 ont choisi de réunir ces deux récits en un seul, linéaire et chronologique. Contrairement à ce qu'ils annonçaient dans la préface, ils n'ont pas publié le journal « dans sa forme originale et inchangée, sans aucune modification ni correction ». Grâce au méticuleux travail de Guillem Calaforra sur les manuscrits polonais (voir la préface de Livia Parnes), on a pu reconstituer le travail des éditeurs, qui ont écarté les notations trop imprécises ou allusives, et surtout fondu, paragraphe après paragraphe, le premier récit de Janowski dans le second. L'édition que nous proposons aujourd'hui permet de saisir l'ensemble de l'opération réalisée en 1946 : la *mise en livre* d'un manuscrit suscité en 1943 par des sauveteurs devenus après la guerre éditeurs et historiens de ce qu'ils avaient vécu. C'est ce qui fait des mémoires de Janina Hescheles un document exemplaire sur l'histoire du témoignage.

Car le travail éditorial de 1946 n'a pas été un travail ordinaire, seulement destiné à produire une plus grande lisibilité. Il y eut certes de cela : dans la partie sur Janowski, certains paragraphes des cahiers de Janina ont été découpés et « montés », comme on monterait les *rushes* d'un film. Mais ce travail éditorial reposait aussi sur une expérience, qui avait été celle de Borwicz à Janowski – ce camp qu'il avait d'autant mieux connu que, comme partisan, il en observait le fonctionnement pour trouver des espaces d'action clandestine. C'est sans doute son expérience qui lui a permis de fondre en un seul récit les deux écrits de Janina sur Janowski, notamment de décider de l'ordre d'apparition des personnages ou de la présentation de l'espace du camp. Borwicz, éditeur, reste cet adulte qui a sauvé un enfant et qui, désormais, silencieusement, en arrière-plan, garantit sa parole et la rend lisible : c'est lui qui assure la mise en forme des éléments épars d'une expérience parfois confusément jetée sur le papier. L'édition de 1946 combine ainsi deux témoignages : celui de Janina, comme auteur des cahiers, et celui de Borwicz comme éditeur.

Aux côtés de Borwicz se tient un autre passeur, témoin puis éditrice, et elle aussi témoin en tant qu'éditrice : la signataire de la préface, l'auteur du titre de l'ouvrage, celle qui prit le relais du sauvetage quand Janina fut sortie du camp et lui donna cahier et crayons, Maria Hochberg-Mariańska. Elle était membre du réseau de résistance et d'aide aux Juifs, Żegota, qui avait permis l'évasion de Borwicz, et qui consacrait une part importante de son activité au sauvetage des enfants. Elle-même juive, Maria Hochberg était parvenue à prendre une fausse identité, sous le nom de Mariańska, dès le début de la guerre – fausse identité ancienne, et donc protectrice, doublée de ce qu'on appelait alors avec cynisme un « bon physique », une apparence « aryenne[22] ». Maria Hochberg prit en charge Janina à Cracovie, lui trouva ses caches successives, l'encouragea à écrire ce qu'elle a vécu – à l'instar des membres d'*Oneg Shabbes* à Varsovie qui invitaient, avant la liquidation du ghetto, les enfants des écoles clandestines à raconter leurs souvenirs de leur vie « d'avant » et à témoigner de leur expérience.

Les mémoires à chaud de Janina se situent ainsi entre plusieurs mondes : celui de l'écriture dans les ghettos et les camps, et la publication d'écrits et de témoignages d'enfants juste après la guerre. Ils relèvent également d'une histoire plus ancienne, celle de l'intérêt porté à l'enfance et à la jeunesse dans le monde judéo-polonais d'avant-guerre. Janina a grandi dans un univers culturel où l'écriture et l'expression artistique des enfants – là sans doute plus qu'ailleurs dans le monde occidental – se trouvaient constamment encouragées. Tous les journaux de la communauté juive, en yiddish ou en polonais, possédaient un supplément pour la jeunesse, qui proposait aux enfants des lectures adaptées mais aussi des incitations à l'écriture. *Chwila*, le journal d'Henryk Hescheles à Lvov, était de ceux-là. À Cracovie, Maria Hochberg était l'éditrice d'une revue pour enfants intitulée *Okienko Na Świat – Fenêtre sur le monde –* et du supplément pour la jeunesse du principal quotidien juif, *Nowy Dziennik*[23].

---

22 Michel Borwicz est revenu sur cet itinéraire dans *Vies interdites*, Paris, Casterman, 1969. Membre de Żegota, journaliste de talent, Maria Hochberg-Mariańska se consacra aux orphelins juifs après la guerre. Elle émigra en Israël en 1949, et travailla à Yad Vashem. Avec son époux Mieczysław Piotrowski, elle a publié *Wśród przyjaciół i wrogów : poza gettem w okupowanym Krakowie* [Parmi les amis et les ennemis : à l'extérieur du ghetto de Cracovie occupée], Cracovie, Wydawnictwo Literackie, 1988, ainsi que leurs mémoires (en hébreu) sous les noms de Miriam Peleg-Mariańska et Mordechai Peleg (traduction anglaise, *Witnesses. Life in Occupied Krakow*, Routledge, 1991).

23 Voir Eugenia Prokop-Janiec, *Polish-Jewish Literature in the Interwar Years, op. cit.*

L'itinéraire de Maria Hochberg s'inscrit dans ce mouvement qui alla du sauvetage des enfants pendant la guerre
aux multiples formes de soutien, psychologique et matériel,
déployées après guerre en direction des enfants survivants
– un soutien qui passait aussi par la collecte et l'écoute de
leur parole[24]. Maria Hocherg publia, avec Noë Grüss, peu
de temps après l'édition du texte de Janina, une importante
anthologie de témoignages intitulée *Les enfants accusent*[25].
Lorsque, dans la préface au texte de Janina, Maria Hochberg
formulait l'espoir que ce livre soit utile aux « éducateurs et
aux psychologues », elle renvoyait donc très précisément au
travail avec les enfants dans lequel elle-même était impliquée,
et dans le cadre duquel la publication des mémoires de Janina
Hescheles prenait place.

L'histoire des « mémoires » de Janina ne s'arrête pas en
Pologne en 1946. Les cahiers de Janina Hescheles ont voyagé
avec leur commanditaire et éditeur, Michel Borwicz, qui les
conserva après son émigration en France en 1947. En 1981,
il en fit don aux archives de la Maison des Combattants des
ghettos, en Israël, alors dirigée par Miriam Novic. Selon un
phénomène souvent observé chez les témoins qui ont écrit
leur expérience à chaud, Janina Hescheles a pu avoir un temps
l'impression qu'elle n'avait pas vraiment été l'auteur de son
texte. En 1956, elle écrivait à Borwicz ne pas se « ressentir »
elle-même dans ces souvenirs : « les faits que je décris me

---

24 Boaz Cohen, « The children's voice: postwar collection of testimonies from
child survivors of the Holocaust », *Holocaust and Genocide Studies*, n° 21, 1,
printemps 2007.

25 *Dzieci oskarżają*, Cracovie, 1947 ; traduction anglaise *The Children Accuse*,
Londres, V. Mitchell, 1996 (rééd. 2005). Noë Grüss avait travaillé à la
méthodologie des entretiens avec les plus jeunes, et à la mise au point d'un
questionnaire, en yiddish, destiné spécifiquement aux enfants témoins.
Voir Audrey Kichelewski et Judith Lindenberg, « "Les enfants accusent".
Témoignages d'enfants survivants dans le monde polonais et yiddish », dans
L'Enfant-Shoah, sous la direction d'Ivan Jablonka, Paris, PUF, 2014, p. 33-50.

sont proches, il est impossible de les oublier, mais le fait que ce soit moi qui ai écrit me semble être un hasard[26]. »

Le manuscrit et son auteure vécurent donc, longtemps, des vies séparées. Borwicz fit du cas de la « Jeannette H. » un élément central, on l'a dit, de sa réflexion sur l'écriture des « condamnés-enfants » dans son livre sur les *Écrits des condamnés à mort sous l'occupation nazie*. Il soulignait notamment la « concision », « l'expressivité » et le « relief exceptionnel des descriptions » dans les carnets de la jeune fille, effet du dépôt dans la mémoire d'un passé « tout récent » et « douloureusement ancré[27] ». Dès 1949, des extraits du texte, traduits du polonais en anglais, avaient déjà paru dans l'anthologie américaine composée par Leo Schwarz, *The Root and the Bough* : Schwarz avait travaillé pour le Joint à Munich et avait été en contact avec Philip Friedman, l'ancien directeur de la Commission centrale historique juive polonaise, passé dans la zone américaine de l'Allemagne en 1947, qui lui avait transmis des documents édités par les commissions polonaises[28]. En 1956, un projet d'édition italienne, chez Malvezzi, fut discuté avec Borwicz, mais n'aboutit pas. À la même époque, les mémoires de Janina apparurent dans une anthologie allemande, publiée en RDA en 1958, *Im Feuer Vergangen. Tagebücher aus dem Ghetto* (ensemble au titre trompeur puisque ni le texte de Janina Hescheles, ni celui de Léon Weliczker sur le Sonderkommando 1005 n'étaient des « journaux du ghetto »). D'autres anthologies proposèrent par la suite des extraits du texte, en Tchécoslovaquie, aux

---

26 Fonds Michel Borwicz, Yad Vashem, P/28, lettre du 9 mars 1956.

27 *Écrits des condamnés à mort, op. cit.*, p. 391-392.

28 Leo W. Schwarz, *The Root and the Bough, The Epic of an Enduring people*, New York, Reinhart and Cie Inc., 1949. L'extrait des mémoires de Janina (improprement qualifiés de « *diary* ») correspond aux dernières pages du texte de 1946, et évoque les conditions de détention au camp Janowski, puis le sauvetage de la jeune fille.

États-Unis, en Israël, puis en France[29]. Janina, de son côté, proposa son texte à plusieurs maisons d'édition israéliennes, qui le refusèrent. Elle adapta alors ses souvenirs en un roman qui fut publié en Israël en 1969[30].

On l'aura compris, *Les Cahiers de Janina* n'est pas un journal intime. Il a été écrit *après*, mais dans un *après* tremblant, dans un répit incertain. Quand elle écrit, le monde de Janina a *déjà* été détruit : elle a perdu ses parents, elle a connu l'abandon, les portes qui se ferment, les chantages, les fausses promesses ; la montée, au contact des partisans du camp, d'un sentiment de « résistance intérieure », et les moments de découragement ; le sauvetage, *in extremis*. La fragmentation et la succession brutale des images – cadavres, corps tuméfiés – l'inscription de la panique et de la précarité à même la phrase, le surgissement des noms et des lieux, l'absence d'explications qui, dès 1946, nécessitait un accompagnement de notes, font la spécificité, parfois la difficulté, de ce texte.

Au bord du passé, l'écriture, dans sa forme même, témoigne de la désintégration d'un regard et d'une vie : Janina pouvait bien écrire, plus tard, qu'elle ressentait à la relecture de ses pages la « lave de la guerre », comme une coulée[31]. Écrits en 1943, les cahiers de Janina sont l'écriture du flux de conscience d'une enfant dans les ruines. Mais, dans les ruines, il y a

---

29 Jaromír Hořec (éd.), *Deníky dětí : deníky a zápisky z koncentračních táborů*. Prague, Naše vojsko, 1961. Laurel Holliday ed., *Children in the Holocaust and World War II. Their Secret Diaries*, Pocket Books, 1995. *L'Enfant et le génocide. Témoignages sur l'enfance pendant la Shoah*, textes choisis, annotés et présentés par Catherine Coquio et Aurélia Kalisky, Paris, Robert Laffont, 2007.

30 Voir la préface de Livia Parnes, p. 11-12, et, pour l'ensemble des éditions du récit de Janina Hescheles, la bibliographie p. 149-150.

31 Lettre à Borwicz, 9 mars 1956, *op. cit.*

aussi des bribes de souvenirs, des échappées heureuses qui rendront à nouveau la vie possible – une promenade d'été avec des amies, des fêtes improvisées en cachette, même si « le cœur veut crever de chagrin[32] ».

Judith LYON-CAEN

32   « L'hymne du camp de Janowska » *[sic]*, cité et traduit par Michel Borwicz, *Écrits des condamnés à mort*, *op. cit.*, p. 371.

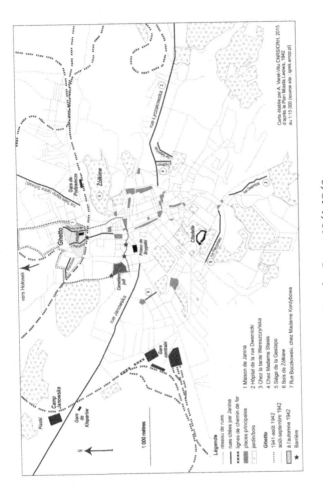

Fig. 4 – Lvov, 1941-1943.

Anne Varet-Vitu / Centre de recherches historiques UMR 8558-CNRS.

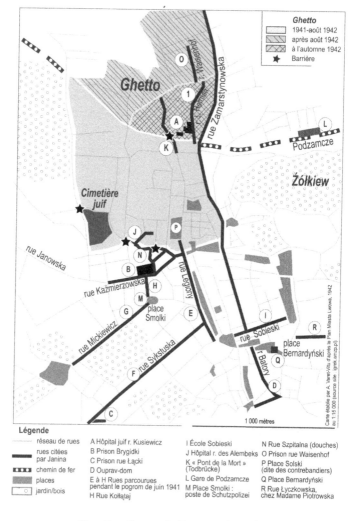

Légende

- ----- réseau de rues
- ▬▬ rues citées par Janina
- ▭▭▭ chemin de fer
- ▓ places
- ⬚ jardin/bois

A Hôpital juif r. Kusiewicz
B Prison Brygidki
C Prison rue Łącki
D Ouprav-dom
E à H Rues parcourues pendant le pogrom de juin 1941
H Rue Kołłątaj

I École Sobieski
J Hôpital r. des Alembeks
K « Pont de la Mort » (Todbrücke)
L Gare de Podzamcze
M Place Smolki : poste de Schutzpolizei

N Rue Szpitalna (douches)
O Prison rue Waisenhof
P Place Solski
Q Place Bernardyński
R Rue Łyczkowska, chez Madame Piotrowska

Fig. 5 – Centre de Lvov, 1941-1943.
Anne Varet-Vitu / Centre de recherches historiques
UMR 8558-CNRS.

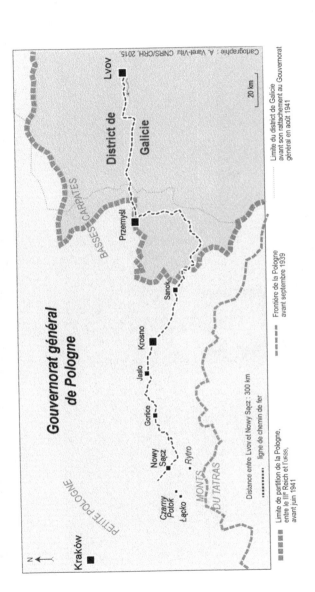

Fig. 6 – Trajet de Janina, septembre 1942.
Anne Varet-Vitu / Centre de recherches historiques UMR 8558-CNRS.

Fig. 7 – Janina avec ses parents, 1941. Crédits : collection privée de l'auteure.

LE TEXTE
DE LA PRÉSENTE ÉDITION

Le texte que nous éditions est une traduction de l'édition de 1946, dans laquelle nous avons souhaité faire apparaître les principales interventions réalisées par les éditeurs sur le manuscrit de 1943.

En 1943, Janina Hescheles a rédigé deux textes (voir Postface) : le premier, le plus court, portait uniquement sur son expérience au camp de la rue Janowska ; le second couvrait l'ensemble de son itinéraire à partir de l'entrée des Allemands à Lvov en juin 1941. C'est ce second texte qui a servi de base aux éditeurs de 1946, qui l'ont néanmoins complété avec des morceaux du premier. Ceux-ci sont identifiés dans ce volume par une ligne continue dans la marge. Les principaux passages du premier texte qui n'ont pas été utilisés dans l'édition de 1946 se trouvent en annexe de ce volume.

Outre ces modifications de grande ampleur, l'édition de 1946 a supprimé certains mots, phrases ou courts passages du manuscrit, qui sont ici rétablis entre crochets.

Les éditeurs de 1946 ont également procédé à quelques ajouts ponctuels, ici signalés dans les notes. Quand ils ont modifié certaines tournures, les phrases du manuscrit sont également indiquées en notes après la mention Ms. Lorsqu'il nous a paru nécessaire d'apporter des éclaircissements à ces variantes, notre intervention dans ces notes est introduite par le signe /.

Les notes rédigées par les éditeurs de 1946 sont identifiées par l'indication [N.d.e. 1946] ; par défaut, toutes les autres notes sont le fait de la traductrice et des éditrices françaises.

L'édition de 1946 comportait enfin un glossaire de termes alle-mands qui n'a pas été reproduit ici : les informations qu'il présentait nécessitant aujourd'hui d'être enrichies et explicitées, nous les avons complétées et intégrées dans les notes de la présente édition pour accompagner la lecture.

NOTE DE L'ÉDITEUR
À L'ÉDITION DE 1946

Les mémoires de Janina Hescheles ont été transmis à la Commission historique juive par le Conseil d'aide aux Juifs. Le manuscrit se compose de trois cahiers remplis d'une écriture ample, très lisible. En tout, soixante-sept feuillets. L'auteur a écrit avec un crayon et un stylo-plume.

Le texte est constitué de deux ensembles. Tout d'abord, Janina a décrit ses derniers mois dans le camp, puis les premiers jours de l'occupation allemande à Lvov. À la fin de cette dernière partie, elle a parfois répété des faits déjà mentionnés dans la première. Pour cette raison, nous avons décidé de supprimer la fin de la deuxième partie. De plus, nous avons décidé d'omettre les deux premières pages de ses mémoires car elles ne portaient pas sur l'Occupation allemande[1]. Le texte en lui-même a été publié tel quel. Nous avons corrigé uniquement les fautes d'orthographe, mais pas les fautes de syntaxe, ni de formulation. Nous avons également gardé toutes les particularités sémantiques du texte. Le titre vient de l'éditeur. Maria Hochberg-Mariańska a découpé le texte en chapitres, et a ajouté l'introduction et les notes en bas de page.

Quand elle a écrit ses mémoires, Janina avait douze ans. Aujourd'hui, elle en a quinze. Invitée à jeter un coup d'œil sur les épreuves, elle a voulu y apporter quelques modifications,

---

1   Comme nous l'avons précisé, la présente édition a rétabli ces deux pages. Voir p. 17.

surtout au niveau du style. Ne pouvant pas honorer sa demande pour des raisons évidentes, nous l'avons assurée que le lecteur saurait qu'aujourd'hui, ayant trois ans de plus, elle écrirait beaucoup mieux.

INTRODUCTION
À L'ÉDITION DE 1946

Encore une vie sauvée, une vie d'enfant arrachée aux camps de la mort. Une goutte dans la mer insondable du crime. Ce ne fut pas un hasard. Janina fut sauvée grâce à un travail clandestin organisé, de grande rigueur. Ce qui a été salutaire pour cette fillette de onze ans, c'est son appartenance au monde des lettres. Elle faisait partie de ceux qui, dans le camp Janowski, avaient été contaminés par le bacille de la littérature[1]. Dans ce camp nazi des plus terribles, ce bacille aurait pu lui être fatal à tout moment, mais il s'est au contraire avéré porteur de vie.

Que serait devenue cette enfant, une parmi les centaines de détenus du camp, sans sa nostalgie de la poésie, sans sa volonté de pérenniser dans « ses petits poèmes sans rime[2] » ce qu'elle voyait autour d'elle ? Les jeunes filles à qui Janina récitait ses poèmes, éclairée par les flammes dévorant les cadavres à *Piaski*, parlent d'elle à Borwicz[3]. C'est ainsi que la petite détenue entre en contact avec le groupe des résistants du camp. Dans ses mémoires, les noms d'« Ilian », de Wahrman, des Grün, des Jakubowicz, de Fränkl et de Kleinman reviennent souvent. Tous étaient liés par leurs activités clandestines.

---

1   Voir Michał Borwicz, *Literatura w obozie* [Littérature au camp], Éd. de la Commission historique juive, n° 5. [N.d.e. 1946].

2   Certaines de ces « poésies » seront publiées dans l'anthologie *Pieśń ujdzie cało* [Le chant survivra], Éd. de la Commission historique juive [N.d.e. 1946].

3   Voir note 1. [N.d.e. 1946].

Après qu'il s'est évadé de l'enfer du camp Janowski, la pensée de Janina ne quitte pas « Ilian ». Jetée seule dans l'abîme de l'épouvante, cette enfant de dix ans était capable de comprendre plus et avec plus d'acuité que ce que son âge ne lui permettait. La faire sortir du camp est devenu une des priorités d'« Ilian » après son arrivée à Cracovie. Il avait ses contacts dans le camp, la voie était tracée. Le Conseil d'aide aux Juifs devait s'occuper du reste. En août 1943, notre agent de liaison est allé à Lvov pour discuter avec Wahrman du quand et du comment. Finalement, Janka et « Elżbieta » ont quitté le camp ; toutes les deux ont été ensuite accompagnées à Cracovie. Janka y est restée. Quelques semaines plus tard, nous lui avons offert un cahier gris et un crayon.

Ce cahier gris, rempli d'une écriture claire d'enfant a beaucoup voyagé, comme Janka, mais pas avec elle. Comme elle encore, il a été soigneusement protégé. Dans ces années-là, on le sait, le moindre bout de papier au contenu suspect pouvait conduire à la mort. Sur les quelques dizaines de pages des mémoires de Janina Hescheles tout est clair, simple et pas du tout « suspect »... Il nous était impossible de demander à cette enfant, évadée du camp Janowski, de faire attention à ce qu'elle écrivait. On aurait étouffé en elle ce qu'elle avait de plus essentiel : sa sincérité d'enfant.

Dès les premières pages, nous nous sommes aperçus de la valeur de ce récit. L'auteur, qui a indubitablement du talent et maîtrise l'écriture, décrit ce qu'elle a vécu non seulement avec sincérité, mais également aussi fidèlement que possible, citant les dates et les noms. C'est pour cela que, malgré le fait qu'à l'époque sauver une vie humaine signifiait risquer celle d'un grand nombre d'autres, nous n'avons pas hésité à pousser Janina, à peine quelques semaines après sa sortie du camp, à raconter par écrit ce qu'elle avait vécu.

Aujourd'hui, nous voyons également à quel point il était important qu'elle écrive « à chaud », avant que l'expérience d'une vie en liberté n'estompe les souvenirs de ces années-là. Par chance, dans le premier appartement à Cracovie où Janina a été accueillie, elle jouissait d'une certaine liberté, et n'était pas obligée, du moins pas devant ses hôtes, de mentir, de faire semblant, ce qui lui a permis de rédiger ses souvenirs dans le calme et de les retracer aussi fidèlement que possible.

Bien sûr, tout n'a pas été simple. La petite prisonnière arrachée au camp s'est tout de suite sentie trop en sécurité. D'ailleurs, dès le premier jour de son séjour à Cracovie, elle l'a exprimé inconsciemment en écrivant dans ses mémoires : « je n'arrivais pas à croire que j'allais me coucher dans un lit, dans une chambre, et que personne n'allait interrompre le silence »… Après le camp Janowski, les mots « chambre », « lit » et « silence » étaient tout de suite devenus pour elle synonymes de sécurité, alors que pour nous, ils n'en étaient qu'une façade. D'où rapidement l'insouciance de Janina, et même la désinvolture avec laquelle elle laissait ici et là, entre les pages d'un livre qu'elle était en train de lire, des bouts de papiers avec des poèmes dont le contenu était toujours le même : le camp, *Piaski*, la mort, la douleur après la disparition de sa mère, Bełzec…

Janina a écrit ses « mémoires ». Dès lors, son texte a fait de la route, en empruntant toujours des voies différentes de celles de son auteur. Nous savions l'importance et la valeur historique de ces modestes cahiers. En l'espace de presque un an et demi de guerre, depuis septembre 1943 jusqu'à la Libération, il a été de nombreuses fois ramassé à la hâte, avec d'autres papiers, porté d'un endroit à l'autre, lorsque les différentes caches cessaient d'être sûres.

Janina, elle aussi, a changé plusieurs fois d'appartement et de peau. Après les premiers mois de calme, elle a commencé à « déménager » régulièrement. Elle a été la fille d'un officier polonais et d'une mère juive. Pas moyen de faire autrement ! Puis, après l'insurrection de Varsovie, elle est devenue un enfant égaré de Varsovie parmi d'autres. J'ai fini par la laisser inventer ce qu'elle voulait à propos de son identité, au gré de sa propre fantaisie[4]. Enfin, elle a passé les derniers mois de la guerre dans la chaleureuse atmosphère de l'orphelinat de Jadwiga Strzałecka, qui avait été déplacé de la Varsovie en ruines à Poronin. La directrice y a caché dix enfants juifs, leur sauvant ainsi la vie.

Nous envoyons à l'imprimerie les mémoires dans sa forme originale et inchangée, sans aucune modification, ni correction. Dans une écriture simple et dense, l'auteure y décrit la vie et la mort des Juifs sous l'Occupation nazie, sujet si souvent abordé de nos jours grâce à la documentation et les témoignages existants, en somme une assez vaste bibliographie. Mais Janina qui écrivait dans son coin, qui cachait son cahier à chaque fois que la sonnette retentissait, à chaque fois qu'elle entendait des pas dans l'escalier, nous fournit un document d'une grande valeur historique et d'une rare valeur psychologique. La Commission historique juive avait interviewé de nombreux enfants, certains de ces témoignages sont extrêmement bouleversants. Il faut cependant garder à l'esprit ce qui les différencie : les enfants qui témoignent devant la Commission parlent librement. Ils sont hors de danger, dans un monde libre et sûr. Alors qu'elle écrivait, Janina était toujours plongée dans l'univers du camp. À chaque fois que nous nous voyions, elle nous demandait des nouvelles de « là-bas ». De plus, malgré une grande maîtrise de soi, elle se rendait sûrement compte du danger dans lequel elle se trouvait au quotidien, d'autant que nous ne lui

---

4   Rappelons que c'est Maria Hochberg-Mariańska qui a été en charge de Janina Hescheles pendant cette période de clandestinité.

cachions rien. C'est pour cela qu'il faut souligner la maturité avec laquelle elle aborde certains sujets, et la distance qu'elle garde par rapport aux questions personnelles, toujours à vif.

Avec en toile de fond la nouvelle réalité qui prend forme d'abord dans le ghetto, puis dans le camp, se cristallise l'attitude intérieure de la fillette qui a perdu ses deux parents et qui regarde de ses propres yeux la mort de centaines d'autres personnes. Elle a compris et exprimé « le nouvel ordre » : la déchéance des uns, la nouvelle hiérarchie régissant la vie des autres : grâce à une protection et un pot-de-vin, l'oncle de Janina obtient un poste d'égoutier, le barbier du commandant allemand de la ville jette hors de leur appartement ceux qui n'ont pas de protection.

Les derniers mots échangés de vive voix avec son père, alors qu'il la quitte dans l'entrée d'un immeuble, et qu'il a déjà de mauvais pressentiments, deviennent pour Janina une sorte de testament : « Ne pleure pas ; c'est une humiliation dans le malheur, comme dans le bonheur ». La petite Janina écrit : « Quand personne ne me voyait, je pleurais sans cesse », ou encore, depuis l'enfer du camp, à propos du groupe des filles avec qui elle allait aux bains de l'autre côté des barbelés : « C'était très pénible. Lorsque nous traversions la ville, les passants : les adultes et les enfants, s'arrêtaient pour nous regarder. Pour ne pas laisser voir notre état déplorable, nous chantions des marches joyeuses ».

Ici aussi, nous avons souvent vu des camions remplis de jeunes filles juives du ghetto et du camp qui chantaient des marches joyeuses. Parfois, on entendait des commentaires : « Et ça chante en plus, ces Juives, quelle effronterie ! » Voici l'une d'elles, une détenue de onze ans, qui explique claire-ment et simplement pourquoi ces condamnées chantaient.

Cette résistance intérieure n'est pas née toute seule. La fillette, qui, traîne dans le camp et qui écoute les conversations chez Ilian à l'atelier de cartonnage, est progressivement imprégnée des idées des gens, qui par leur force intérieure et leur volonté, résistent à la barbarie. C'est de cette atmosphère que naît la révolte de l'enfant contre l'attitude résignée du pendu qui s'exprime par ces paroles : « C'est ce genre d'héroïsme que je devrais incarner ? Je veux vivre, ne jamais me rendre. » D'où certainement aussi sa demande, une fois à Cracovie, de la laisser « aider » les résistants, d'où enfin l'idée de s'acheter une bouteille d'un demi-litre d'essence, et de la cacher dans les draps lorsque, après l'insurrection de Varsovie, on parlait tant de l'héroïsme des enfants qui chargeaient les tanks avec des bouteilles d'essence.

Nous espérons que ces mémoires, modestement éclairés de l'extérieur, ne seront pas uniquement un document historique, ni une des nombreuses voix accusatrices contre le régime nazi, mais qu'ils deviendront aussi une matière pour les éducateurs et les psychologues qui réfléchiront intelligemment, avec le cœur, à ce qu'il faut donner à ces enfants plus mûrs que leur âge, profondément blessés et sensibles.

Maria
HOCHBERG-MARIAŃSKA

ÉDITIONS DES « MÉMOIRES »
DE JANINA HESCHELES

EXTRAITS

« As I remember, Yanka Heszeles », dans *The Root and the Bough*,
The Epic of an Enduring people, Leo W. Schwarz (éd.), New York,
Reinhart and Cie Inc., 1949, p. 277-283.

« Mit den Augen eines zwölfjährigen Mäddnens », dans *Im Feuer
Vergangen. Tagebücher aus dem Ghetto*, Berlin, Verlag Rütten a
Loening, 1958, p. 299-356.

« Deník Jany Heschelesové », dans *Deníky dětí : deníky a zápisky
z koncentračních táborů*, Jaromír Hořec (éd.), traduction de
L. Stachová. Prague, Naše vojsko, 1961, p. 135-158.

מיומנה של ינינה השלס (« Du "journal" de Janina Hescheles »), dans
הילד והנוער בשואה ובגבורה (« L'enfant et la jeunesse dans la Shoah
et la bravoure »), A. Bauminguer, N. Blumenthal, Y. Karmish
(éd.), traduction d'Avraham Bartoura. Jérusalem, Kiriat Sefer,
1965, p. 9-19.

« יום היכפורים » (« Jour de Kippour ») dans חיוניות יהודית בשואה (« Vitalité
juive dans la Shoah ») A. Carmon et I. Oron (éd.), ministère de
l'Éducation et de la Culture d'Israël, 1975, p. 29-30.

« The Good Moment » dans *Lost Generation. Children of the Holocaust*,
Azriel Eisenberg (éd.), traduit de l'hébreu par Azriel Eisenberg,
New York, Pilgrim Press, 1982, p. 220.

« Janina Hescheles, Poland, 12 Years Old », dans *Children in the
Holocaust and World War II. Their Secret Diaries*, Laurel Holliday

(éd.), traduit de l'hébreu par Azriel Eisenberg. New York,
Pocket Books, 1995, p. 67-72.

"Janina Hescheles, Poland", dans *Why do They Hate Me? Young Lives
Caught in War and Conflict*, Laurel Holliday (éd.), traduit de l'hébreu
par Azriel Eisenberg, New York, Pocket books, 1999, p. 50-55.

« Lvov, Janina Hescheles », dans *L'Enfant et le génocide. Témoignages sur
l'enfance pendant la Shoah*, textes choisis, annotés et présentés par
Catherine Coquio et Aurélia Kalisky, traduction d'Agnieszka
Żuk. Paris, Robert Laffont, 2007, p. 331-344.

ÉDITIONS INTÉGRALES

Oczyma dwunastoletniej dziewczyny. Introduction de Maria Hochberg-
Mariańska. Cracovie, Centralny Komitet Żydów Polskich, 1946.

Янина Хешелес : *Глазами двенадцатилетней девочки*. Перевод
Владимира Каденко. Kiev, Дух і літера, 2011.

Яніна Гешелес : *Очима дванадцятирічної дівчинки*. Переклав
Андрій Павлишин. Kiev, Дух і літера, 2011.

Amb els ulls d'una nena de dotze anys, introduit, traduit et annoté
par Guillem Calaforra, Barcelone, Riurau, 2012 et 2013.

Con los ojos de una niña de doce años, introduit, traduit et annoté par
Guillem Calaforra, Madrid, Hermida editores, 2014.

Amb els ulls d'una nena de dotze anys, introduit, traduit et annoté
par Guillem Calaforra, Barcelone, Riurau, 2015.

Oczyma dwunastoletniej dziewczyny, préface d'Ewa Kozminska-
Freilak ; postface de Piotr Laskowski, Varsovie, Zydowski
Instytut Historyczny, 2015.

Janinan päiväkirjat, traduction de Tapani Karkkäinen, Helsinki,
Like, 2015.

בעיני ילדה בת שתים עשרה, introduit par Michel Kirzner-Apelboim
et Guillem Calaforra ; traduction de Janina Hescheles, Haïfa,
Pardes, 2016.

INDEX DES NOMS

INDEX DES LIEUX

TABLE DES MATIÈRES

IMPRIM'VERT®

Achevé d'imprimer par Corlet,
Condé-en-Normandie (Calvados),
en Avril 2022
N° d'impression : 175799 - dépôt légal : Avril 2022
Imprimé en France